conversando com os gatos

amor sem apego

sensibilidade

equilíbrio

graça

Ronronar reconfortante

gato

O mágico e misterioso gato se liga ao céu e à terra, ao mundo selvagem e ao ambiente doméstico.

Kate Solisti-Mattelon

conversando com os *gatos*

um diálogo incomum
de sabedoria felina

Tradução
Denise de C. Rocha Delela

EDITORA CULTRIX
São Paulo

Título original: *Conversations with Cat.*

Copyright © 2004 Kate Solisti-Mattelon.
Copyright da edição brasileira © 2007 Editora Pensamento-Cultrix Ltda.
1ª edição 2007.
5ª reimpressão 2015.

Publicado originalmente por Council Oak Books, www.counciloakbooks.com.

Todos os direitos reservados. Nenhuma parte deste livro pode ser reproduzida ou usada de qualquer forma ou por qualquer meio, eletrônico ou mecânico, inclusive fotocópias, gravações ou sistema de armazenamento em banco de dados, sem permissão por escrito, exceto nos casos de trechos curtos citados em resenhas críticas ou artigos de revistas.

A Editora Cultrix não se responsabiliza por eventuais mudanças ocorridas nos endereços convencionais ou eletrônicos citados neste livro.

Crédito das fotos: CORBIS p. 11, 19, 23, 73, 95, 121. © Julie Habel/ CORBIS p. 35. © John Welzenbach/ CORBIS p. 39. © Tony Stromberg p. 59 © Patrice Mattelon p. 105.

Capa e projeto gráfico: Buffy Terry

Dados Internacionais de Catalogação na Publicação (CIP)
(Câmara Brasileira do Livro, SP, Brasil)

Solisti-Mattelon, Kate
  Conversando com os gatos : um diálogo incomum de sabedoria felina / Kate Solisti-Mattelon ; tradução Denise de C. Rocha Delela. – São Paulo : Cultrix, 2007.

Título original: Conversations with cat
ISBN 978-85-316-0996-1

  1. Animais – Aspectos simbólicos 2. Animais – Hábitos e comportamento 3. Gatos – Hábitos e comportamento 4. Relações homem-animal I. Título.

07-8737   CDD-158

Índices para catálogo sistemático

1. Gatos e homens : Relações : Psicologia aplicada   158
2. Homens e gatos : Relações : Psicologia aplicada   158

Direitos de tradução para o Brasil
adquiridos com exclusividade pela
EDITORA PENSAMENTO-CULTRIX LTDA.
Rua Dr. Mário Vicente, 368 — 04270-000 — São Paulo, SP
Fone: (11) 2066-9000 — Fax: (11) 2066-9008
E-mail: atendimento@editoracultrix.com.br
http://www.editoracultrix.com.br
que se reserva a propriedade literária desta tradução.
Foi feito o depósito legal.

Impressão e acabamento: Mark Press Brasil

Agradecimentos

Sou profundamente grata ao Conselho dos Gatos por compartilhar comigo a sabedoria desses pequenos felinos. Tenho muita honra de ser uma porta-voz de seres tão extraordinários.

Quero agradecer a todas as pessoas que enviaram perguntas para o Conselho dos Gatos: Alex Mattelon e Miranda Solisti, Dana Barker, Bev Bucklew e outros membros da equipe do Best Friends Animal Sanctuary, Marni Charniss, Gail Corle, Lila Devi, Leslie Engleman, Jill Fineberg, Joni Gang, Dorie McCubbrey, Linda Neu e Pam Wood.

Um agradecimento especial para Buffy Terry e Vanessa Perez, pelo projeto gráfico deste belíssimo livro.

Obrigada a todos da Council Oak Books, pelo amor que dedicaram a esta obra.

Obrigada a Patrice pelo seu amor e apoio, e por compartilhar comigo esta vida maravilhosa. Cada ano que passa é melhor do que o anterior!

Obrigada também aos admiráveis felinos da minha vida, Azul, Lily e Simon. Azul, o Sábio, ajudou-me muitas vezes a curar as minhas feridas e a recuperar o equilíbrio. Lily, a minha garotinha meiga, é a minha ajudante especial. Simon, quanta generosidade e alegria! Vocês são a minha inspiração. Agradeço a Deus todos os dias pelo nosso convívio diário.

Agradecimentos 7
Introdução 11

Capítulo Um
onde buscamos as respostas para as nossas perguntas? 19

Capítulo Dois
seres terrenos com compreensão cósmica 23

Capítulo Três
a vida de acordo com os gatos 35

Capítulo Quatro
a vida e a convivência com os seres humanos 39

Capítulo Cinco
vocês, outros gatos e outros animais 59

Capítulo Seis
o modo de ser dos gatos 73

Capítulo Sete
os sentidos e sensibilidades dos gatos 95

Capítulo Oito
a alimentação, a saúde e o bem-estar dos gatos 105

Capítulo Nove
a mente e o espírito dos gatos 121

Na Companhia dos Gatos 155

Sobre a Autora 157

introdução

Desde que os seres humanos começaram a viver em pequenos agrupamentos, os animais nos fazem companhia. Certa vez, milhares de anos atrás, numa aldeia às margens do deserto, um pequeno felino resolveu começar a caçar cobras venenosas, que ameaçavam os aldeões. As pessoas ficaram maravilhadas com a capacidade dessa criatura de conviver tão bem com os seres humanos e ainda assim manter a sua natureza selvagem. Por que ele havia deixado o seu mundo para viver na aldeia dos homens? Por que não tinha ido embora?

Desde então, os gatos intrigam a mente e o coração humano. Ninguém parece ser indiferente com relação aos gatos. Ou lhes fazemos poesias ou lhes dirigimos a nossa ira. Ao longo da nossa história em comum, os gatos inspiraram artistas, escritores, poetas e compositores. Foram reverenciados no antigo Egito durante milhares de anos, só para serem cruelmente perseguidos na Europa medieval. O que esse animalzinho tem para suscitar emoções tão extremas nos seres humanos?

Neste livro, quem responde são os próprios gatos. Com as suas respostas às vezes surpreendentes às nossas perguntas, talvez enfim comecemos a compreender alguns dos mistérios e do misticismo que cercam o gato.

Felis catus, o nosso felino doméstico, é descendente do pequeno gato do deserto, que passou a conviver com o ser humano nos primeiros assentamentos ao longo do rio Nilo, no Egito. Como esse feroz caçador passou a conviver conosco? Que animal é esse? Ele realmente nos fazia companhia?

Por meio de telepatia, os gatos uma vez me disseram, "Não fomos reverenciados no Egito só porque éramos bonitinhos e bons caçadores de ratos!" Havia algo mais. Algo energético e espiritual, algo extraordinário que os gatos faziam pelas pessoas e com elas.

O que os gatos lhe inspiram?

Por que o título *Conversando com os Gatos*? Hoje em dia as pessoas têm uma vontade enorme de compreender os porquês e os mecanismos da vida. São inúmeros os livros de auto-ajuda nos ensinando como aprender com professores respeitados, entrar em contato com a nossa própria alma e ouvir a voz de Deus. Não seria maravilhoso aceitar que as criaturas peludas que dormem aos pés da nossa cama, deitam enrodilhadas no nosso colo ou se esfregam nas nossas pernas podem nos dar todas as respostas que buscamos? Só precisamos aprender a nos abrir para ouvir o que elas têm a dizer.

A comunicação com os gatos, do modo como é descrita neste livro, vai além de parâmetros como o tamanho do cérebro desse animal, as suas capacidades físicas, os seus instintos e o seu comportamento. Não estou interessada em provar que a consciência felina tal como eu a conheço pode ser mensurada pelos padrões e tecnologias humanas. Este livro é sobre como nos abastecermos na Consciência Divina que atua por meio de toda criatura, planta, pedra e porção d'água do nosso planeta.

Cada espécie e indivíduo expressam a Consciência Divina do seu próprio jeito. Para escrever este livro, não me dirigi a nenhum gato em particular. Em vez disso, para ter uma idéia mais ampla sobre esses animais em vez de me basear em opiniões individuais, eu me conectei com o Conselho dos Gatos, a consciência superior de todos os felinos. Neste livro, eu abordo os gatos a partir dessa conexão espiritual. Nesse ponto de unidade, a linguagem verbal não é necessária. A Consciência Divina é expressa por meio da linguagem do coração, que viabiliza a comunicação e a compreensão entre as espécies. As informações apresentadas neste livro não são válidas para todos os felinos. Eu fui um veículo para essas informações, que passaram pelo meu próprio crivo. Sou uma receptora tão eficiente quanto o meu nível de consciência permite neste momento. Como acontece com grande parte das informações transmitidas entre seres humanos, a prova final da sua utilidade se dá quando a testamos nas nossas próprias experiências de vida.

Conversando com os Gatos apresenta ao leitor a percepção espiritual, física, emocional e mental inerente à espécie felina. Os níveis individuais de percepção variam de gato para gato, assim como variam de pessoa para pessoa. Este livro não foi escrito para ser um manual. Ele é um instrumento para uma compreensão mais profunda.

Espero que livros como *Conversando com os Gatos, Conversando com os Cães* (publicado pela Editora Pensamento) e *Conversando com os Cavalos* possam ajudar as pessoas a se lembrar de como entrar em contato com a Consciência Divina por meio de toda a criação – animal, vegetal e mineral – e então compartilhar essas experiências uma vez mais, assim como pretendiam as lendas antigas. Eu continuarei usando o meu dom de efetuar a comunicação entre espécies com o intuito de melhorar a compreensão e a ligação entre todos os seres. Para mim isso tem tudo a ver com o Amor.

Os nossos ancestrais respeitavam os animais por considerá-los agentes de cura e professores. Nos primórdios da raça humana, aprendemos a receber muitas dádivas de espécies diferentes da nossa. Sabíamos que a nossa interdependência propiciava equilíbrio e vida. Mas à medida que o tempo passava, as pessoas começaram a perder contato com outras espécies e com a Mãe Terra. Começamos a trilhar jornadas estreitas e egocêntricas, focadas na ganância e na dominação. Em resultado, grande parte da humanidade de hoje se sente desconectada, sem rumo, infeliz, insatisfeita, fragmentada e solitária.

Em todas as culturas humanas existem histórias sobre a ligação profunda que um dia tivemos com o mundo natural. Também existem histórias sobre como acabamos nos separando e nos isolando das outras espécies e da própria Mãe Terra. Eu recebi telepaticamente uma história, na qual três espécies resolveram permanecer conosco para nos ajudar a lembrar quem realmente somos. Eis essa história:

Houve uma vez, no começo dos tempos, um conselho formado por todos os seres, representantes das diferentes expressões do Criador em todas as suas maravilhosas formas. Em torno da mesa desse conselho, sentavam-se insetos, pássaros, répteis, mamíferos, marsupiais e seres humanos. Cada espécie contava a sua própria história acerca de como havia encarnado para experimentar uma determinada forma de vida e aprender verdades específicas com todos os outros seres. O objetivo comum era chegarmos juntos a uma compreensão maior de nós mesmos e do nosso Criador. A formiga escolheu uma forma que lhe ajudasse a aprender a cooperar com as plantas. A baleia jubarte escolheu ser cantora e estudar a interação entre o som e a água. O falcão escolheu experimentar o vôo rápido e explorar o elemento ar.

Os seres humanos optaram por desenvolver o seu notável intelecto, a sua destreza manual e a capacidade de se comunicar verbalmente.

No início, todos os seres estavam ligados pelo coração e éramos uma só família. Gostávamos de compartilhar as nossas experiências e novas descobertas da vida no plano escolhido. Então um dia, quando, em nossa busca pela mente, o nosso apego pelas nossas próprias realizações se tornou mais importante, nós, seres humanos, não voltamos mais ao fogo do Conselho. Passamos a ser narcisistas, esquecendo-nos de que tínhamos concordado em voltar ao Conselho para contar aos outros sobre as nossas experiências. Passamos a nos sentir superiores; começamos a esquecer que éramos todos uma só família. Criou-se um abismo entre seres humanos e as outras criaturas da Terra. A maior parte dos animais continuou a sua jornada, mas três espécies demoraram-se um pouco mais na reunião do Conselho, decididas a corrigir essa lacuna cada vez maior entre os seres humanos e as outras criaturas. Num momento decisivo, essas três espécies optaram por deixar o conforto proporcionado pela companhia de outros da própria espécie para acompanhar os seres humanos, esperando guiá-los de volta ao Criador, de volta à sua conexão, de volta ao Amor. Essas três espécies foram o cão, o gato e o cavalo. A partir desse dia, tudo o que precisamos fazer é parar e prestar atenção nessas três espécies, para que elas nos lembrem de quem realmente somos.

Agora, portanto, neste momento especial do tempo, podemos parar e perguntar aos gatos quem eles são e o que eles querem de nós. Que oportunidade!

Quando escrevi *Conversando com os Cães*, eu estava profundamente tocada pela sabedoria canina, com sua compaixão inesgotável por nós, seres humanos. Quando escrevi *Conversando com os Cavalos*, um espírito grandioso surgiu, oferecendo-nos lições sobre confiança e aceitação. Quando me sentei para conversar com os gatos, uma energia totalmente diferente se apresentou. Os gatos se expressam da maneira que são! As pessoas que gostam de gatos vão se divertir com as respostas sucintas e às vezes de duplo sentido que eles deram às nossas perguntas. Este livro revelará muito desses seres extraordinários que amamos em todas as suas diferentes expressões! Somos abençoados por viver na companhia dos animais! Divirta-se!

onde buscamos as respostas para as nossas *perguntas?*

capítulo um

"*Que espécie de filósofos somos nós, que nada sabemos sobre a origem e o destino dos gatos?*"
— Henry David Thoreau

Ao longo da história, os seres humanos têm sido agraciados com professores, mestres, santos e sábios humanos extraordinários. Porém, não importa o quanto esses professores humanos possam ser brilhantes ou evoluídos – eles continuam sendo humanos. Quantos deles compreendem as experiências e perspectivas de outras espécies?

Hoje em dia, nós, seres humanos, sabemos o quanto é importante aprender outras línguas e costumes se quisermos nos comunicar num nível menos superficial. No entanto, a maioria de nós nem considera a possibilidade de aprender a linguagem ou a cultura de outras espécies! Mas e se pudéssemos aprender a linguagem dos animais com a mesma facilidade com que aprendemos a linguagem de outros seres humanos? Isso não ampliaria os nossos horizontes e compreensão do mundo de maneiras radicalmente novas? O que aprenderíamos se abríssemos o nosso coração e a nossa mente para outras realidades diferentes da nossa? Talvez conseguíssemos descobrir nossa humanidade sagrada se compreendêssemos os animais. Sabendo como eles nos vêem e vêem o mundo em que vivemos, talvez aprendêssemos mais sobre a nossa ligação com todos os animais e com o planeta.

Pense um pouco. Se você ama os animais ou convive com eles, realiza uma comunicação entre espécies o tempo todo. Olhe o seu gato: costas arqueadas, um ronronar de felicidade, olhos arregalados, um miado na porta, o costume de se esfregar nas suas pernas, um beijo no nariz. Você entende o que ele está lhe dizendo. Pode até entender sinais mais sutis e particulares, como um certo movimento do rabo ou da pata tocando a sua bochecha para avisá-lo de que é hora do almoço. Comece a prestar mais atenção às mensagens que o seu gato lhe transmite e você começará a ver que os animais sabem muito bem nos comunicar as próprias necessidades.

Você fala com o seu gato num tom de voz doce e afetuoso, criando uma linguagem especial entre vocês? O que você vê no seu gato que é diferente do que viu nos outros gatos que teve ou conheceu?

Agora que você parou para pensar no quanto você e o seu gato de fato se entendem, vamos passar para o próximo nível. Observe-o à luz dessa nova constatação de que vocês se comunicam o tempo todo.

A primeira coisa que a maioria das pessoas faz com os gatos mais amigáveis é tocá-los. O pêlo sedoso e macio desse animal nos provoca um prazer instantâneo, e o gato sente prazer com esse toque, arqueando sensualmente as costas para sentir melhor a nossa mão ou esticando a cabeça e diferentes partes do corpo para receber a carícia. Depois, um som profundo e gutural sai da garganta dele – um som tão amoroso e delicado que nós queremos ouvi-lo sempre que possível.

Os gatos estão sintonizados com os nossos sentimentos?

Nós nos sentimos muito especiais quando um gato pula no nosso colo, ajeita-se para ser acariciado, abençoando-nos com o seu ronronado. Será que ele sabe o efeito que tem sobre nós? Será que sabe como nos faz sentir? O que você acha?

De agora em diante, quando tocar o seu gato, preste atenção no modo como você faz isso. Como ele reage aos diferentes afagos, batidinhas, pressões e movimentos? O que acontece quando você deixa a mão a poucos centímetros do corpo dele? Dá para perceber como ele sente a sua mão mesmo sem haver contato físico? Observando o seu gato e a maneira como ele reage ao que você faz você aprenderá a prestar atenção às comunicações mais sutis. Com a prática, essas observações se transformarão numa consciência mais profunda. O toque consciente, com uma comunicação clara e simples, pode levá-lo a estreitar a sua ligação com o seu gato e estabelecer uma bela parceria entre vocês. O amor combinado com tudo o que eu disse anteriormente levará você a entender melhor a si mesmo e a essência dos Gatos.

seres terrenos com compreensão
cósmica

capítulo dois

"Os gatos são obras de arte. Com um gato, você tem uma esplêndida obra de arte que literalmente viverá com você, sentará no seu colo e ronronará."

— Jane Bryant Quinn

Os gatos nunca esqueceram nem romperam a sua ligação com Deus. Durante séculos, professores espirituais, mestres e seres cheios de amor como Jesus, Buda e Maomé dizem-nos que somos um com Deus. Ainda temos dificuldade para acreditar nisso. Os animais não têm. Eles sabem que somos.

Como nós, os gatos vivem na realidade física: sentem prazer, dor, impulsos hormonais, alegria e tristeza. Porém, ao contrário de nós, os gatos vivem cada minuto do dia-a-dia num estado de unidade. Eles sabem disso? Pode apostar que sim! Deixe-me contar a minha história sobre o que um gato me ensinou.

O nome dele era Dusty. Espero que essa história toque aqueles que já passaram por uma experiência parecida e ajude-os a se lembrar da ocasião em que estabeleceram uma conexão profunda com um animal ou com a natureza. Talvez essa lembrança ajude-os a curar lembranças dolorosas, a restabelecer a conexão com os animais e a abrir e conectar o coração outra vez.

Eu tinha 3 anos de idade e, desde que me conhecia por gente, era capaz de "ouvir" os animais. Eu "ouvia" os pensamentos e os sentimentos deles. Podia transmitir os meus pensamentos e sentimentos por trás deles. Eu não conversava apenas com os animais, mas também dividia os meus pensamentos com as plantas e as árvores. Isso era uma coisa normal para mim, mas logo me dei conta de que as pessoas da minha família não viviam as mesmas experiências. Quando eu captava os pensamentos delas, percebia que havia uma espécie de porta separando o coração e a mente delas das plantas e dos animais – e das outras pessoas. Eu não entendia por que elas tinham essa enorme porta e eu não. Mas, como era muito pequena, eu não podia perguntar; só me limitava a contar as minhas experiências, esperando receber de volta amor, compreensão e aceitação.

A princípio os meus pais sorriam e diziam que as minhas conversas com as flores e com os insetos eram só coisa da minha imaginação. Então um dia, quando a minha mãe tomava chá com as amigas, eu comecei a ouvir o que elas "pensavam", não o que diziam. Sobressaltei-me com as emoções exaltadas que senti. Quando as amigas foram embora, contei à minha mãe que a senhora H. na verdade odiava o marido, pois era isso o que eu tinha "ouvido" da cabeça ou do corpo dela. A minha mãe se virou para mim dizendo, "Isso não é verdade! De onde você tirou essa idéia maluca?" Ela nem esperava que eu respondesse. Estava me dizendo que eu era uma menina má e estava errada, ou pelo menos era isso o que eu sentia. Os meus pais começaram a olhar para mim de um jeito estranho e a se preocupar comigo. Eu estava confusa. Comecei a ficar apreensiva com o fato de ser diferente. Parei de conversar com as plantas e com os animais.

> *Parei de conversar com as plantas e animais quando comecei a ficar apreensiva com o fato de ser diferente.*

Então, no mês de novembro, quando eu ainda estava com 3 anos, o meu pai me surpreendeu com um gatinho amarelo malhado. Foi amor à primeira vista. Dusty começou no mesmo instante a falar comigo na linguagem dos pensamentos. Ele me disse que tinha vindo para ficar comigo, para compartilhar as minhas experiências com as plantas, as árvores, os pássaros, os répteis e os insetos, e que seria melhor se eu não contasse mais nada aos meus pais. Ele disse que eles não estavam abertos como ele e eu estávamos. Eu fiquei aliviada e um pouquinho triste, mas encantada com a idéia de que teria Dusty comigo.

Dusty e eu éramos inseparáveis. Ele participava da hora do chá, com a sua própria tigela de leite. De vez em quando deixava-me vesti-lo com as roupas das bonecas e levá-lo para passear num carrinho de bebê. Dormia na minha cama e, uma noite, pulou na banheira comigo. Nunca me esquecerei da cara que fez no momento que tocou a água. Ficou mortificado e se esforçou ao máximo para sair dali sem perder a dignidade. Os adultos notavam como éramos próximos e comentavam que Dusty parecia mais um cachorro do que um gato.

Os nossos momentos mais extraordinários aconteciam no jardim. Nós nos sentávamos e conversávamos com toda espécie de planta e criatura. Eu aprendi que as rosas têm um caso de amor com o sol e que as tartarugas podem prever o tempo. Eu fazia perguntas a Dusty e ele sempre me respondia. Não eram simples conversas entre uma menina e um gato. Eram perguntas e respostas entre duas almas, almas que no momento habitavam o corpo de uma menina e de um gato. Muitas vezes sentíamos como se fôssemos um único ser. Esse mesmo sentimento de unidade me inundava quando eu entrava em contato com outros animais e plantas. Eu era feliz, verdadeiramente feliz, cercada pelo amor incondicional dos animais, das plantas e da própria Natureza.

Quando fiz 5 anos, chegou a hora de ir para o jardim de infância. Não me lembro muito bem das outras crianças, exceto de que eu tinha que me comunicar com elas apenas por meio de palavras faladas. Elas, como os adultos do meu mundo, não podiam ouvir os meus pensamentos. Já tinham aprendido a fechar a mente para se adaptarem a este mundo. Ou talvez nunca tivessem sido tão abertas quanto eu. A maior alegria da minha vida continuaram sendo os momentos que eu passava com Dusty.

Então comecei a escola primária. Dusty me disse que era hora de eu realmente me dedicar à escola. Disse-me que eu era um ser humano e agora precisava conviver com

> *Eu fazia perguntas a Dusty e ele sempre me respondia.*

outras pessoas. Eu segui o seu conselho e comecei a gostar de leitura, arte e música. A minha professora era doce e carinhosa. Ela me apoiava e incentivava. Dusty e eu começamos a nos distanciar um pouquinho. Ele passava cada vez menos tempo comigo e mais tempo fora de casa.

Uma noite, quando eu estava caindo no sono, Dusty pulou na minha cama. Enrodilhou-se ao meu lado, ronronou e disse, "Você se saiu muito bem! Estou muito orgulhoso de você. O nosso trabalho em conjunto está concluído". Eu dormi com um sorriso nos lábios, sabendo que tudo estava bem no meu mundo. Na manhã seguinte, Dusty não estava na minha cama. Eu me vesti e desci as escadas, esperando que ele estivesse esperando por mim. Não estava. Tomei o café da manhã sentindo um friozinho na barriga. A minha mãe, a minha irmã mais nova e eu entramos no carro para ir à escola. Quando viramos a esquina da nossa rua tranqüila para pegar a avenida principal, algo do outro lado da rua chamou a minha atenção. A minha mãe deu um grito sufocado. "O que foi? O que você viu?", perguntei. "Nada", ela respondeu. Durante todo o trajeto para a escola eu implorei para que ela me dissesse o que tinha visto. Na frente da escola, eu me recusei a sair do carro. Finalmente, ela admitiu o que eu temia, "Acho que vi o Dusty do outro lado da rua." Eu corri para fora do carro e fui para a sala de aula entorpecida de medo e dor. O dia passou sem que eu percebesse.

Como eu já esperava, quando cheguei em casa, os meus pais me disseram que tinham encontrado Dusty na calçada, atropelado por um carro. O meu pai me passou a linda coleira azul de Dusty, com um dos guizos amassado. "Onde ele está?", perguntei chorando. "Eu quero vê-lo." Ele respondeu, "Eu o enterrei atrás da casinha de bonecas. Venha, vamos vê-lo". Ainda entorpecida, fui de mãos dadas com o meu pai até onde Dusty estava enterrado. Ele tinha feito uma cruz de madeira para marcar o lugar e eu a martelei na terra. Quando terminei, estava arrasada. As lágrimas rolavam pelas minhas faces. Como isso podia ter acontecido? Como ele podia morrer? O meu pai tentou me consolar, mas nada podia conter os meus soluços. Passei muitos dias mergulhada na tristeza. Os meus amigos não podiam me ajudar. Os meus pais não conseguiam me tirar do meu desânimo. Eu me sentia absolutamente sozinha. Tentava falar com Dusty, mas não conseguia mais ouvi-lo.

Um pouco depois dessa época, tive uma amidalite. No espaço de alguns meses, fui ficando cada vez mais doente e queria morrer. A minha mãe comentava que a doença havia me transformado de uma menina risonha em outra, deprimida e melancólica. Mas essa mudança não tinha sido causada pela doença; ela resultara da perda do meu melhor amigo. Quando não havia mais dúvida de que eu precisava extrair as amídalas, fiquei apavorada, achando que iria morrer sozinha e longe de casa.

Tive a sensação de encostar num pêlo quente. Era Dusty.

O hospital era um lugar frio e assustador. No entanto, quando a anestesia fez efeito, eu me senti segura pela primeira vez desde a morte de Dusty. Senti uma presença me amando e me protegendo. Senti alguém me pegar no colo e me embalar, garantindo-me que tudo ia ficar bem. Tive a sensação de encostar num pêlo quente. Sorri ao sentir um cheiro conhecido. Era Dusty. Ele me disse, "Ainda não chegou a sua hora. Você tem trabalho a fazer. Sempre estarei ao seu lado". Dusty veio para me confortar e me ajudar na transição para a fase seguinte da minha vida.

Acordei com a minha mãe ao meu lado. Eu estava bem.

Fui para casa com a família toda me mimando. Quando já havia me recuperado o bastante para sair de casa, tudo parecia diferente. Comecei intencionalmente a me fechar para os meus amigos plantas e animais. Comecei a construir a grande porta. Fiz isso um pouco por culpa; eu sentia que Dusty havia morrido porque eu me afastara dele. Também fiz isso para me adaptar, para ser menos sensível. Na época em que fiz 8 anos, não conseguia mais ouvir as plantas e os animais. Aceitei o fato de que precisava viver como os outros seres humanos à minha volta – na separação. Agora eu poderia ser como todo mundo. E o mais importante: nunca mais eu teria sentimentos tão pungentes quanto antes.

Aos 12 anos, desenvolvi várias alergias e asma. Os exames indicavam que eu era extremamente alérgica a gatos. Em algum nível, o meu fechamento estava completo. Eu nunca mais poderia conviver com os gatos. Agora estaria mais protegida da dor profunda e da perda.

À medida que eu crescia, nunca mais deixei que nenhum gato se aproximasse tanto de mim quanto Dusty. Na verdade, nunca deixei também que nenhum ser humano se aproximasse tanto de mim. Quando fiquei mais velha, canalizei o meu amor pelos animais e pela Terra para o movimento ambiental da década de 70 e 80. Quando morava perto de Washington e trabalhava para uma organização do governo ligada ao meio ambiente, uma reviravolta aconteceu.

Decidi fazer terapia para aprender a lidar com questões ligadas à raiva, comuns na adolescência. Estava pronta para deixar o passado para trás. Depois de alguns meses de terapia, descobri que eu estava separada de uma parte de mim. Tinha rejeitado o meu lado intuitivo e feminino, abafando-o para ser bem-sucedida no mundo. No entanto, essa parte que faltava era fundamental para que eu me curasse e me tornasse uma pessoa inteira. Eu tinha a chave para o meu eu verdadeiro e autêntico.

Quando o meu lado feminino e intuitivo começou a se sentir seguro o bastante para se integrar ao resto de mim, coisas incomuns começaram a acontecer comigo. Uma tarde, quando eu caminhava nas proximidades de um riacho, comecei a ouvir vozes. Parecia que as árvores estavam sussurrando para mim. Eu tinha 28 anos, era casada e tinha um cargo de responsabilidade de que gostava. Sabia que não estava ficando louca. Mas, além de saber que estava mentalmente equilibrada, os sentimentos que aquelas árvores despertaram em mim ao falar comigo pareciam maravilhosamente corretos. Eu sabia que algo tão amoroso não podia ser ruim.

A minha mente racional não tinha árvores falantes em seu quadro de referência. E naquela altura eu já não me lembrava mais de que ouvia as árvores quando era pequena. De fato, comecei a pensar nas conversas que tinha com Dusty. Será que eu falava não apenas com ele, mas também com outros seres não-humanos?

A minha única referência conhecida à comunicação com animais e plantas eram os nativos norte-americanos. Um dos princípios básicos da vida desses povos indígenas é a crença de que animais, plantas, árvores, rochas, riachos, rios e oceanos são seres conscientes capazes de se comunicar com quem quer que tenha tempo para

Chorei. Dei risada. Compreendi!

ouvi-los. Eu comecei a ler. Quando li belas palavras sobre todo o mundo natural pertencer à família da espécie humana, o meu coração começou a se abrir. Chorei. Dei risada. Compreendi! Constatei, no fundo do meu ser, que era verdade: animais e plantas podem se comunicar com os seres humanos. Eu me senti maravilhosamente bem.

Então fiquei realmente deprimida. Eu não tinha uma gota de sangue indígena em mim. Tinha finalmente encontrado um povo que compreendia o mesmo que eu! Mas eu não "pertencia" a esse povo! Como eu podia me sentir tão diferente das minhas próprias raízes e querer tanto fazer parte delas? Na cultura dos nativos norte-americanos, a minha comunicação com as árvores seria não só aceitável mas valorizada. Na minha cultura, as pessoas achariam que eu estava com um parafuso solto! Por que eu podia me comunicar dessa maneira? O que eu devia fazer com esse dom? Decidi mantê-lo praticamente em segredo, pois as poucas tentativas de falar a respeito só tinham resultado em ceticismo e preocupação. No entanto, eu tinha de continuar a cultivá-lo e aprender a compreendê-lo melhor.

Lembrei-me de que todas as culturas humanas tinham, em seus primórdios, uma religião baseada na natureza. Como os meus ancestrais eram do norte da Europa, resolvi organizar um grupo de estudo para aprender sobre a religião e mitologia celtas e nórdicas, especificamente Treehenge. À semelhança dos druidas de Stonehenge, bem mais conhecidos, os antigos nórdicos acreditavam que as árvores eram mestras e podiam conceder orientação e inspiração a quem quer que as solicitasse. Eu aprendi a meditar com as árvores. Comecei a perceber que o foco e a concentração auxiliavam no desenvolvimento do meu dom. Também aprendi que emoções fortes anuviavam o que eu era capaz de receber.

Comecei a sentir mais uma vez como era estar conectada com todos os seres vivos. Compreendi que todos éramos de fato um. Dusty tinha me proporcionado um alicerce firme de amor e crença nesse conhecimento intuitivo. Se não fosse ele, eu teria sepultado a minha capacidade de me comunicar e talvez jamais voltasse a recuperá-la ou às minhas lembranças. Dusty foi a minha ligação com o amor, com Deus.

Como aprendemos a entrar em sintonia com esse amor? O primeiro passo é despertar e ficar no presente. Como aprendemos a ficar presentes na nossa vida todos os dias? Podemos observar os gatos. Eles estão sempre presentes no momento. Observe como um gatinho se concentra num barbante. Ele não pensa "Ai, seria tão bom se eu conseguisse pegar esse barbante!" Ele pensa "Vou pegar este barbante agora mesmo!"

> *Deixe que o seu gato lhe ensine a viver.*

A maioria de nós vive no passado, prisioneiros das nossas experiências com os pais, os professores ou os chefes. Outros só vivem no futuro: "Quando vou encontrar o meu verdadeiro amor? Vou falar com o meu chefe amanhã. Ano que vem, vou tirar férias incríveis com as crianças! E se eu não estiver poupando o suficiente para a aposentadoria?"

No entanto, quando vivemos no passado ou no futuro, ficamos totalmente desligados do presente. A vida passa por nós em brancas nuvens. Vivemos em busca da felicidade em vez de sermos felizes agora. Enquanto estivermos buscando, trabalhando ou esperando por alguma coisa, nós não a teremos.

Observe como você fala. Está repetindo o mesmo roteiro do passado ou é isso mesmo o que quer dizer? Você usa frases como "Mês que vem vou começar a poupar uma parte do meu salário" ou "Algum dia terei um salário melhor"? Porém, "algum dia" significa "nunca" no dia de hoje. Aproveite a dica dos gatos: procure mudar o jeito como você fala, falando no tempo presente ao se referir ao futuro. Tente dizer, "Eu tenho todo o dinheiro que quero e de que preciso hoje. Estou criando a vida dos meus sonhos". Pratique bastante e o universo captará a mensagem.

Prestar atenção e ficar totalmente presente na vida significa usar todos os dons que lhe foram concedidos. Use todos os seus sentidos, inclusive os sentimentos e a intuição. Reserve um tempo para sentir aromas e sabores. Pare e realmente escute. Contemple a beleza à sua volta. Você pode escolher a vida que viverá. O seu gato pode ser o seu mais valioso professor. Deixe que ele lhe ensine a viver!

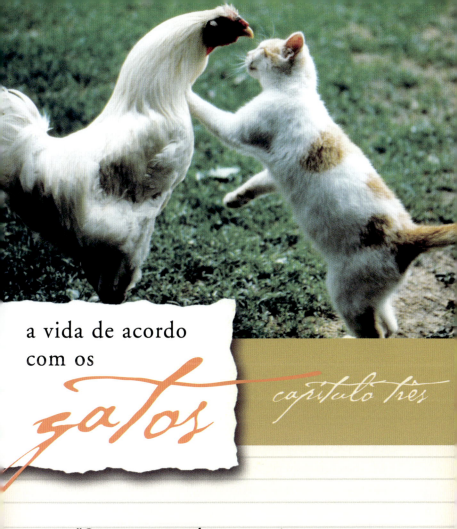

a vida de acordo com os gatos

capítulo três

"Os gatos pretendem nos ensinar que nem tudo na natureza tem uma função."

— Garrison Keillor

O primeiro obstáculo à comunicação entre espécies é uma crença com que fomos programados: achamos que falar com animais é impossível. Mas, lembre-se, outras culturas não aceitaram essa crença. As culturas indígenas não só acreditam que os seres humanos podem se comunicar com animais, plantas e toda a natureza, como também respeitam e reverenciam essa comunicação como algo vital para uma vida equilibrada.

Você descobrirá que esse tipo de comunicação exige esforço e atenção, pois o sistema de crença coletivo exerce uma poderosa força no sentido contrário. Basta lembrar a minha história. Mas você receberá as mesmas recompensas que eu caso seja persistente e saia desse transe coletivo!

Quando conseguir se libertar desse transe, reserve um tempo para se sentar em silêncio a uma distância confortável do seu gato, quando ele estiver descansando. Alguns gatos preferem que fiquemos perto deles. Outros precisam de espaço para sentir que podem continuar tirando a sua soneca ou descansando sem serem perturbados. Procure lhes dar esse espaço. Observe a que distância o seu gato aceita a sua presença e quando ele se sente desconfortável. Observe a sua própria energia. Você está calmo e tranqüilo ou está ansioso ou agitado? Se mantiver uma atitude de calma e tranqüilidade, será mais fácil que o seu gato o aceite.

Agora sente-se e observe o seu gato e a si mesmo. Se você é como a maioria das pessoas, achará difícil sentar-se em silêncio sem fazer nada. A sua mente começará a dar voltas. Você começará a pensar em outras coisas. Nesse caso, traga-a gentilmente de volta, voltando a se concentrar na observação do seu gato, dos raios de sol iluminando o cômodo, do silêncio. Cada vez que se distrair com pensamentos ou com barulhos externos, volte a prestar atenção no seu gato e na sua própria respiração. Observe a barriga do seu gato subir e descer cadencialmente. Tente respirar profundamente com a barriga do mesmo jeito ritmado. Sentar-se silenciosamente e ficar totalmente no presente é uma maneira de aprender a ser

> *Para ser como um gato, sente-se em silêncio e fique no presente.*

como um gato. Com a prática, você começará a ficar muito mais sensível a si mesmo e ao seu gato. Ser como ele, pelo menos durante alguns minutos, facilitará e aprofundará a comunicação entre vocês.

DANDO A PARTIDA

Agora que você está praticando observar o seu gato e ser como ele, pense nas perguntas que lhe faria. O melhor é começar pelas perguntas mais óbvias sobre gatos, que eu ouço muitas pessoas fazerem. As respostas das páginas seguintes, sobre assuntos relativos ao dia-a-dia e à espiritualidade, podem revelar algumas surpresas.

a vida e a convivência com os seres *humanos*

capítulo quatro

"Eu adoro os gatos porque adoro a minha casa e, depois de um tempo, eles se tornam a alma dela visível."
— Jean Cocteau

Por que os gatos passaram a conviver com os seres humanos?

Para o nosso benefício mútuo e crescimento espiritual.

R: Milhares de anos atrás, fomos viver nos primeiros agrupamentos do Antigo Egito, porque ali havia muitas cobras e ratos. Também quisemos ajudar os seres humanos a se lembrar de quem realmente são. Vocês não são quem pensam que são. São seres de uma luz infinita e uma energia belíssima. Quando romperam o seu laço de amizade com o mundo natural, esqueceram-se disso. Juntamo-nos a vocês em sua jornada para lembrá-los de que fazem parte da natureza, não estão separados dela. Unimo-nos a vocês para ajudar a curar o seu espírito e o seu corpo, e para apoiá-los no processo de se tornarem seres inteiros – energia divina na forma física. Unimo-nos a vocês em sua jornada para ajudá-los a restabelecer a ligação com Deus.

Vocês preferem perambular ao ar livre o tempo todo ou viver dentro de casa?

É uma questão de gosto, mas queremos conviver com os seres humanos.

R: Há milhares de anos, assumimos o compromisso de viver com os seres humanos. Interligamos intencionalmente o nosso destino ao de vocês. No princípio, tínhamos toda a liberdade de ir e vir quando quiséssemos. Alguns de nós ainda têm esse luxo e preferiam morrer a ter de abrir mão dele. Outros são felizes vivendo seguros dentro de casa, com pessoas afetuosas e refeições regulares. Os gatos que preferem passar uma boa parte do tempo na companhia dos seres humanos geralmente estão ajudando a curá-los e equilibrá-los, ao mesmo tempo que se desenvolvem espiritualmente.

Alguns gatos optam por nascer ferozes, e viver uma vida desafiadora entre o mundo selvagem e a sociedade humana. Esse é um tipo de vida "transitório", pois muitos seres que nascem ferozes estão há pouco tempo na forma felina e já foram selvagens em encarnações anteriores. Eles optaram por encarnar ferozes para que possam começar a aprender o que é viver no corpo de um gato e a realidade felina. Esses seres nunca se sentirão à vontade dentro de casa. Há muitos casos em que eles encarnam ferozes duas ou três vezes. A cada vida vão tentando um contato maior com os seres humanos, até se sentirem prontos para nascer de uma mãe que viva com seres humanos. Às vezes, uma alma felina experiente nasce numa comunidade de felinos ferozes. Esses seres costumam buscar a companhia das pessoas e passam a ser gatos domésticos.

Cada um de nós escolhe o melhor caminho para si.

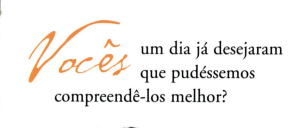

Vocês um dia já desejaram que pudéssemos compreendê-los melhor?

A compreensão é a razão de estarmos com vocês.

R: O objetivo deste livro é lhes dar informações e levá-los a compreender melhor quem somos e como nos comunicamos com vocês o tempo todo. Nós lhes oferecemos muitos recursos para ajudá-los a nos compreender melhor: observem a nossa linguagem corporal, particularmente o nosso rabo, os olhos e as orelhas; alimentem-nos bem; dêem-nos uma casa segura e confortável; sejam mais sensíveis com relação ao nosso campo energético; prestem atenção ao que nos deixa agitados e ao que nos dá prazer; e aprendam a meditar conosco.

Compreender outro ser significa ficar em silêncio, ouvindo-o respeitosamente e observando-o com atenção. Para a maioria de vocês, o maior obstáculo a essa compreensão é a falta de tempo. A sua percepção do tempo faz com que vivam correndo, fazendo coisas e pensando. Poucos de vocês já reservam um tempo apenas para existir. Nós somos especialistas nisso. Vocês nos compreenderão melhor se fizerem isso também. Reservem um tempo para ouvir pacientemente. Isso vai lhes parecer um grande desafio.

 **Vocês** tentam usar palavras humanas para se comunicar conosco?

Parece que sim, não é?

R: Nós, gatos, sabemos que os seres humanos respondem a certos sons. Por exemplo, existem alguns sons universais entre os mamíferos que estimulam o instinto maternal. Sabemos fazer sons que são conhecidos para a sua mente consciente ou inconsciente. Muitos de nós tentam imitar palavras humanas para ganhar atenção, para fazer vocês pensarem e para ajudá-los a perceber simplesmente o quanto somos inteligentes. Sim, sabemos muito bem o que estamos dizendo.

Vocês acham que são superiores a nós?

Alguns de nós acham.

R: Para falar a verdade, não se trata de saber quem é melhor, mais esperto, mais forte ou mais bem-sucedido. Trata-se de ter mais consciência. No nível da alma, sabemos quem somos, por que estamos no mundo da forma e por que vivemos com vocês. Muitos de nós vivem com pessoas completamente adormecidas; outros vivem com aqueles de vocês que despertam ocasionalmente, e outros vivem com seres humanos que acabaram de despertar. Alguns de nós têm a sorte de viver com seres humanos despertos. Consideramos todas essas experiências válidas.

Por que vocês desaparecem quando alguém estranho chega em casa?

É uma questão energética.

R: Como somos caçadores habilidosos, somos extremamente sensíveis aos fluxos energéticos do ambiente à nossa volta. Estamos constantemente nos ajustando às mudanças energéticas na casa que dividimos com vocês. Sentimos as flutuações da energia e temos de restabelecer o nosso equilíbrio para compensar as suas mudanças de humor e estados de espírito. Quando pessoas estranhas entram em cena, somos bombardeados com os seus padrões energéticos e estados de ânimo. Alguns de nós não acham difícil se adaptar a essas energias diferentes. Outros têm dificuldade para recuperar o equilíbrio e, a fim de minimizar o impacto sobre o nosso delicado sistema, preferem evitar a presença de pessoas diferentes, especialmente se elas permanecerão no nosso ambiente por um curto período.

Por que vocês fazem questão de se sentar no colo de pessoas que "detestam" gatos?

Porque achamos divertido ver como se encolhem.

R: Isso também tem uma grande relação com a energia. Os princípios da atração e da repulsão são uma parte fundamental da nossa tarefa de equilibrar energias – as nossas e as dos seres humanos que optamos por cuidar. Quando uma pessoa nos repele, a nossa curiosidade nos atrai para ela – como um ímã! Queremos "cutucá-la", por assim dizer, para ver a reação dela. Quando a pessoa começa a se encolher na nossa presença, podemos querer chamar mais a atenção ronronando e nos esfregando nas pernas dela. Podemos ficar extasiados de prazer. O que mais nos interessa é perceber como essas pessoas reagem com a nossa atenção. Elas resistem e tentam nos afastar? Relaxam e nos afagam apesar do seu mal-estar? Se elas se descontraem e nos acariciam, temos mais facilidade para operar uma pequena cura. Existe a possibilidade de que sintam menos tensão e rigidez e encarem a vida de um jeito diferente. Se elas nos afastarem, bem, vão continuar rígidas e estagnadas em outros aspectos da vida também.

Por que alguns de vocês são tão arredios?

É uma questão de estilo.

R: O nosso apego muitas vezes se manifesta por meio daquilo que vocês consideram comportamento arredio. A nossa sensibilidade às energias muitas vezes requer que fiquemos a uma certa distância das pessoas. Se somos ou não amistosos, isso depende da nossa capacidade de processar as energias em nosso campo energético e no ambiente. A nossa saúde também é um fator determinante. Se não estamos fortes e saudáveis, não conseguiremos lidar com uma dose muito grande de energia humana. Geralmente, os gatos cuja alimentação se compõe de ração seca ou de má qualidade costumam ser mais arredios. Eles não têm os recursos internos necessários para processar energias que exijam muito deles. Quando caçamos a nossa própria comida ou comemos carne crua, o nosso corpo e campo energético são fortes e processam muito bem a energia humana.

Na opinião de vocês, por que tantos homens têm medo ou não gostam de gatos?

Os homens que não nos conhecem quase sempre nos temem.

R: Vamos admitir, somos misteriosos. Gostamos da idéia de sermos considerados um mistério pelos seres humanos, contanto que isso não se transforme em medo. Temos uma afinidade natural com as pessoas intuitivas e sensíveis, e neste momento da evolução humana existem muito mais mulheres que se encaixam nesse perfil do que homens. Os homens que não mostram o que são, que negam os seus sentimentos e que fazem questão de estar sempre no controle podem sentir como se o nosso olhar penetrasse dentro deles. De fato ele penetra. Eles podem ter a impressão de que sondamos a alma deles e isso lhes provoca arrepios. Eles expressam esse desconforto projetando idéias sobre nós em vez de analisarem a própria vida. Tenham cautela com os homens que não gostam de gatos. Eles muitas vezes escondem uma aversão ou desconfiança com relação ao seu lado feminino e possivelmente às mulheres também. O homem que ama os gatos quase sempre está em contato com o seu lado feminino e sensual. Se esse lado está equilibrado, ele tem grande chance de ser uma ótima companhia ou parceiro.

Por que tantas pessoas são alérgicas a gatos?

Em algum nível, elas podem estar rejeitando a vida.

R: Como já mencionamos, somos agentes de cura. Estamos totalmente conectados com Deus. Carregamos dentro das nossas células a memória da perfeição. Muitos de vocês têm medo de não estar conectados com Deus. Muitos de vocês têm medo de viver plenamente porque sofreram maus-tratos na infância. A asma é um exemplo de como o corpo reage à repressão emocional ou física. Se uma criança é emocionalmente sufocada, ela pode passar a sofrer de asma. Em outras palavras, o corpo internaliza a pressão externa, fazendo com que ela se transforme em pressão interna. Quando ela não tem espaço para respirar do lado de fora, passa a não ter espaço para respirar do lado de dentro. Quando se libertam da repressão ou da lembrança que têm dela, vocês passam a respirar melhor – e a se sentir mais vivos. Sentimos dor assim como vocês, mas raramente deixamos que a dor e o sofrimento governem a nossa vida. Procuramos viver a vida da maneira mais plena possível. Essa é a reação energética.

No nível físico, as toxinas do nosso ambiente, da nossa comida, do nosso corpo têm de ser processadas e eliminadas à medida do possível. Muitos de nós liberam as toxinas pela pele. Como os seres humanos têm dificuldade para eliminar toxinas, as toxinas dos gatos podem sobrecarregar um organismo já debilitado. Procurem reequilibrar o sistema digestivo, o sistema endócrino, o fígado e os rins e as suas alergias desaparecerão. Ajudem a limpar todas essas toxinas tanto no seu corpo quanto no planeta e seremos todos muito mais saudáveis.

Como podemos ajudá-los a se sentir mais à vontade na presença de visitas?

Peça para que elas sejam respeitosas e não façam muito barulho.

R: A maioria das pessoas descarrega uma carga de energia ao entrar num cômodo. Isso chama imediatamente a atenção de outros seres humanos e causa uma impressão marcante. Para um gato, essa é uma maneira ofensiva de se entrar no espaço alheio. Essa atitude "projeta" a energia da pessoa sobre quem está no cômodo, sem ao menos pedir licença! Se ela entra no cômodo suavemente e com uma atitude de respeito pelo espaço, o fluxo de energia não é distorcido nem sofre um impacto tão forte. Isso também nos dá uma sensação de segurança e de que somos respeitados.

Vocês se ofendem quando os chamamos de filhos ou quando nos referimos a nós mesmos como mamãe ou papai?

Essa é uma questão de gosto pessoal.

R: Aceitamos o fato de que às vezes vocês gostam de nós como filhos. Essa é uma grande honra, pois amamos os nossos filhotes além de qualquer descrição. Quando vocês exageram nesse comportamento, damos um jeito de avisá-los. Também fazemos isso quando nos tratam de um modo que não gostamos.

Quando abrem e fecham os olhos lentamente, com ar sonhador, é como se nos mandassem um beijinho?

Mais ou menos.

R: Essa é uma interpretação interessante. Quando olhamos para vocês e fechamos e abrimos os olhos lentamente, estamos querendo lhes dizer que gostamos de vocês e nesse momento apreciamos a sua companhia. Se vocês fizerem o mesmo gesto, acharemos que estão querendo nos dizer o mesmo. Quando abrimos e fechamos os olhos para vocês, é mais do se estivéssemos apenas lhes soprando um beijo. O nosso beijo de verdade, para expressar a nossa afeição, é dado quando limpamos vocês com a nossa língua.

Como vocês se sentem quando ficam sozinhos o dia inteiro, enquanto estamos no trabalho?

Bem.

R: Os filhotes até um ano de idade não gostam de ficar sozinhos por longos períodos. Não é natural que fiquem sozinhos nos primeiros meses. Por outro lado, os gatos maduros ficam muito bem sozinhos, se estiverem num espaço confortável. Como somos noturnos, costumamos dormir durante o dia e ser mais ativos à tarde, à noite e de manhã cedo. No entanto, quando nos adaptamos ao horário de vocês, passamos a ser mais ativos pela manhã e quando vocês chegam em casa, à noite, até irem para a cama. Precisamos passar bons momentos com vocês quando estão em casa; do contrário, que razão teria a nossa convivência?

Faz alguma diferença se conversamos com vocês e explicamos aonde vamos e quando voltaremos?

Faz!

R: Gostamos quando vocês nos dizem aonde estão indo, quando nos avisam sobre uma mudança de última hora ou um imprevisto, pois assim temos tempo para descobrir como vamos lidar com a situação. É muito bom quando vocês nos dizem que horas voltarão para casa. Se vocês têm uma imagem clara de que, digamos, às seis horas da tarde já escureceu e nos dizem que chegarão em casa às seis, nós sabemos o que significa. Ajuda muito quando vocês explicam por que estamos indo ao veterinário, pois temos tempo para fechar o nosso campo energético de modo a lidar melhor com os outros animais que encontraremos na clínica e nos recuperamos mais rápido das cirurgias e nos concentramos na nossa cura.

Contem-nos quando estiverem planejando uma viagem. Detestamos quando surgem malas pela casa sem nenhuma explicação. E mantenham contato conosco quando estiverem fora. Basta que nos mentalizem no nosso lugar preferido e nos digam quando estarão de volta. Ficaremos muito mais felizes e vocês também!

Por que vocês fogem de casa?

Por muitas razões.

R: Fugimos de casa porque concluímos o que viemos fazer ali. Fugimos porque não nos sentimos mais felizes. Fugimos porque nos sentimos perdidos.

Como vocês se sentem quando a sua família humana muda de endereço e abandona vocês?

Isso depende do nosso relacionamento.

R: Se sentimos que somos um membro amado da família, o abandono é uma perda traumática para nós, assim como seria para um cão ou para uma pessoa. Se o nosso relacionamento com a família não é tão estreito, não ficamos tão traumatizados assim. No entanto, se recebemos refeições regulares e de repente formos abandonados sem comida, isso será um problema para nós. Nenhum de nós consegue se tornar um ótimo caçador de uma hora para outra. Pode ser também que não haja presas por perto ou uma quantidade muito grande de predadores nas redondezas. Encontrar comida e um abrigo seguro passa a ser o nosso único objetivo. Isso é um bocado estressante.

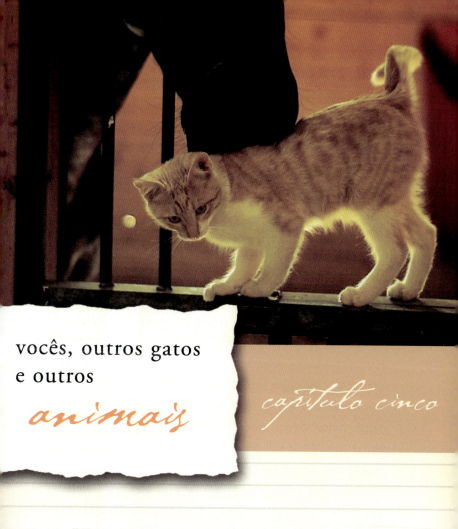

vocês, outros gatos e outros *animais*

capítulo cinco

"Os gatos conversam com os poetas em sua língua natural e algo profundo e indomável em nós responde."

— Jean Burden

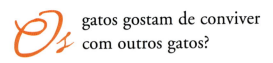

Os gatos gostam de conviver com outros gatos?

A menos que tenham alguma afinidade, não costumam gostar.

R: Os nossos ancestrais eram solitários. Mesmo hoje, machos e fêmeas só se aproximam para acasalar. Quando os filhotes nascem, o mundo deles se resume na Mãe Gata. O mundo exterior se define com base na distância que tudo está da energia protetora. A mãe é doadora de vida e professora, amor e afeição puros. Depois que os filhotes são desmamados, ela os desliga dessa fonte e eles têm de começar a garantir a própria proteção. Às vezes, a mãe fica com um filhote quando sente que ele é mais vulnerável. Alguns de nós, para ter proteção, optam por viver em bandos de gatos selvagens. No ambiente doméstico, podemos aprender a conviver com outro gato se isso for conveniente para nós dois. Alguns de nós gostam de viver com um parceiro ou com mães e irmãos substitutos, especialmente se fomos separados da nossa mãe logo que nascemos ou se estamos doentes e machucados e precisamos de proteção. Se optamos por viver numa família com outros gatos, é porque esse convívio de algum modo nos beneficia.

Qual é a melhor maneira de introduzir um novo gato na casa em que moram?

Com cautela e com a aprovação do(s) outro(s) gato(s) da casa.

R: Como já mencionamos, somos sensíveis às energias de pessoas e animais que acabam de chegar no nosso espaço. Alguns de nós já aprenderam a adaptar rapidamente o campo energético às mudanças. Outros precisam de um pouco mais de tempo para se preparar e muita prática para se adaptar a novas energias.

A primeira coisa a fazer é falar conosco. Digam-nos que você gostaria de trazer um novo gato (ou filhote, de gato ou cachorro, bebê ou pessoa) para o espaço que dividem conosco. Expliquem por que gostariam de fazer isso. Sejam claros e mostrem o seu interesse por nós. Do contrário, nós pressentiremos a chegada desse novo morador e ficaremos instantaneamente desconfortáveis e alertas. Peçam-nos para aceitar esse novo ser na nossa casa. Digam-nos que vocês vão tomar um cuidado especial para respeitar o nosso processo de adaptação, procurando observar se precisamos de um espaço tranqüilo longe do recém-chegado ou se precisamos de mais atenção ou cuidados. Digam-nos quando o novo morador vai chegar, para que possamos nos preparar. Se possível, dêem-nos um prazo de 24 horas.

Quando trouxerem o novo animal para a casa, mantenham-no numa caixa ou gaiola e anunciem que ele está chegando. Levem o recém-chegado para um cômodo fechado, para que ele tenha tempo de se acostumar com o novo espaço. Alimentem-no nesse cômodo, contem-lhe sobre nós e digam que vocês gostariam que nos déssemos bem. Quando ele começar a ficar curioso com relação ao seu novo lar, levem até ele algo que nos pertença para que ele cheire. Se ele mostrar curiosidade e cheirar o objeto sem demonstrar medo, deixem o objeto num canto do cômodo ou em algum lugar "longe" dele. Peguem uma toalha ou um cobertor que ele tenha usado e dêem-nos para que cheiremos. Digam-nos novamente o quanto gostariam que aceitássemos esse novo morador como um membro da família. Se o recém-chegado estiver explorando o seu novo ambiente, comendo bem e se mostrando carinhoso com vocês, abram uma fresta da porta para que ele possa farejar o resto da casa. Visualizem-nos aproximando-nos suavemente da porta para farejá-lo. Quando de fato nos aproximarmos, digam-nos o quanto esse encontro os deixa felizes. Se tudo correr bem, repitam esse procedimento algumas vezes até ficar evidente que estamos mais acostumados um com o outro e prontos para passar para a etapa seguinte.

Quando sentirem que estamos prontos, avisem-nos que irão soltá-lo. Peçam-nos mais uma vez para que sejamos amistosos e o recebamos bem. Visualizem tudo correndo bem. Abram a porta lentamente e deixem que o recém-chegado decida se está pronto para explorar a casa. Fiquem com ele enquanto ele faz isso. Façam um afago na cabeça dele e estimulem-no. Quando nos encontrarmos, dêem-nos um tempo para que possamos nos adaptar. Se nós sibilarmos e o recém-chegado voltar correndo para o seu cômodo, saibam que isso é normal. Se nos flagrarem sibilando, digam-nos que não é educado ser hostil dessa maneira e que vocês esperam que nos comportemos melhor na próxima oportunidade. Esperem pelo menos duas horas antes de tentarem outra vez.

A chave para o sucesso é ter paciência e se comunicar com o seu animal durante todo o processo. Não fiquem ansiosos, nervosos nem preocupados, senão ficaremos também. Sejam sempre positivos e claros.

Por que vocês fazem um som de chilreado quando observam passarinhos ou insetos?

Empolgação!

R: Quando vemos um passarinho ou um inseto pela janela, o nosso instinto de caça é estimulado e ficamos realmente excitados. Os nossos bigodes ficam ouriçados e a nossa boca estremece com a expectativa de capturar o pássaro ou o inseto. Ficamos completamente absorvidos pela presa e chilreamos até podermos sair ao ar livre para caçar o animal ou até ele voar para longe.

Por que vocês caçam pássaros e camundongos e não os comem?

Porque não estamos com fome.

R: Por natureza, nós nos sentimos muito estimulados quando vemos pequenas criaturas correndo ou voando. No mundo selvagem, capturar uma presa é importantíssimo para a sobrevivência e só caçamos para comer. Mesmo que moremos numa casa com seres humanos, gostamos de caçar. É emocionante. As presas sabem que o propósito da vida é ter filhotes, nutrir as plantas e alimentar os predadores. Não temos prazer em matar, mas adoramos caçar, pois isso faz parte de quem somos. Mas matar só é necessário quando se está com fome. Os gatos caçam por prazer, mas se não estão com fome eles não comem a presa, que acaba sendo "desperdiçada". É melhor, tanto para o predador quanto para a presa, que a presa sirva de comida. Se matamos a nossa presa e não a comemos, não estamos em equilíbrio com o nosso meio ambiente. Se quiserem nos ajudar, peçam que comamos a presa que matamos ou nos impeçam de matar.

Por que vocês continuam brincando com a presa depois que ela já morreu?

Gratidão.

R: Quando pegamos um camundongo, por exemplo, isso é um motivo de celebração! Somos extremamente gratos a ele por nos conceder a sua vida. O camundongo tem de renunciar à vida por nós. Entre o camundongo e o gato, não existe uma competição pela sobrevivência. Trata-se de uma dança entre presa e predador. Às vezes somos nós que conduzimos a dança, às vezes é a presa; nesse caso, ela de repente nos deixa "dançando sozinhos no meio do salão", refletindo sobre a esperteza dos roedores. Outras vezes somos nós que levamos a melhor e acabamos almoçando o nosso parceiro de dança. Esse é um intercâmbio sagrado, que os dançarinos compreendem e respeitam. A morte do camundongo significa a nossa sobrevivência. Expressamos a nossa gratidão pela presa continuando a dançar. Mas isso pode parecer uma brincadeira aos olhos de vocês.

Como vocês assustam cachorros grandes?

Temos muita energia!

R: Quando um animal grande ou uma pessoa se aproxima, uma das maneiras de nos defendermos é "inflar" o nosso campo energético para parecer maiores do que realmente somos. Como os cães sentem a nossa energia antes de ver a nossa aparência física, essa espécie de parede de fumaça os leva a pensar que somos grandes e perigosos. Como os cães têm um instinto de preservação muito forte, eles geralmente se afastam de nós. Se o cão é esperto e pára para olhar para nós, percebe que não somos tão grandes e perigosos quanto a imagem que projetamos. Se tivermos sorte, quando ele se der conta disso, já estaremos bem longe!

O que vocês realmente pensam dos cães?

Os cães oferecem amor incondicional aos seres humanos.

R: No nível espiritual, os cães são nossos irmãos. Eles optaram por acompanhar os seres humanos nesta jornada, assim como nós e os cavalos. Os cães dedicam-se inteiramente aos seres humanos. Essa é uma grande dádiva para vocês. Nós respeitamos e reverenciamos profundamente as belas dádivas que eles oferecem.

No nível físico, eles são grandes predadores. Gostam de viver em bando, o que é uma ameaça para felinos pequenos e solitários. A menos que sejam criados desde pequenos com um cão, para nós não é fácil conviver bem com eles. Nós estimulamos os instintos de predador dos cães assim como eles estimulam os nossos medos. Se sabemos que podemos contar com um lugar seguro e a uma boa altura do chão, então gostamos de pregar peças neles. Eles podem até se divertir bastante, se não estivermos mortos de medo deles.

Os gatos são mais inteligentes que os cães?

Os seres humanos vivem fazendo comparações e criando mal-entendidos.

R: Não somos mais inteligentes que os cães. A nossa inteligência se baseia na nossa experiência física e extrafísica, assim como a dos cães. Somos diferentes em muitos níveis. Portanto, tomamos decisões com base em percepções e realidades diferentes das dos cães.

Todo gato e cachorro têm o seu próprio nível de entendimento e percepção, assim como os seres humanos. Alguns gatos são almas mais jovens e inexperientes, que só se preocupam com a sobrevivência e não são capazes de ver a vida de uma perspectiva mais ampla. Outros são seres que há séculos encarnam como felinos para prestar grandes serviços à humanidade. Estes têm um poder de compreensão maior do que a maioria dos seres humanos, que vivem numa espécie de sonambulismo. Com a espécie canina acontece praticamente o mesmo. Cada um de nós cresce e evolui no seu próprio ritmo.

Qual é a melhor maneira de treinar um gato?

Com amor.

R: Quando somos filhotes, a mãe gata é a nossa fonte de vida, amor e afeição. Ela é a Fonte. Ensina-nos tudo sobre o mundo comunicando-se conosco, ronronando para nós, demonstrando o que gostaria que aprendêssemos, mostrando-nos como lidar com diferentes situações. Quando vocês adotam um filhote, precisam se tornar mães. Para isso basta tocarem o filhote com mãos ternas e amorosas. Comecem pela cabeça e acariciem todo o corpinho dele. Falem com ele no seu tom de voz mais suave e carinhoso. Quando parecer que ele não está ouvindo, aproximem-se dele e o toquem fisicamente para chamar a sua atenção. Quando ele estiver prestando atenção em vocês, falem exatamente o que querem que ele faça. Visualizem isso. Elogiem-no num tom de voz doce e façam um afago. Se ele os aceitar com mãe, esse comportamento será suficiente para treiná-lo.

Se vocês nos adotarem quando formos adolescentes ou adultos, precisarão conquistar o nosso respeito. Queremos que vocês nos mostrem que nos amam, que nos alimentarão e cuidarão de nós, além de estabelecer regras como toda mãe faz. O ideal é que vocês se sentem literalmente no chão e nos digam o que querem de nós em casa, além de deixar bem claro que ficarão chateados se fizermos algo que vocês não aprovam. O melhor jeito de fazerem isso é aproximarem-se de nós com uma intenção clara na mente e no corpo. Assim, antes que digam alguma coisa, o seu campo de energia se encarregará de transmitir essa intenção para o nosso. O seu corpo também precisa estar em sintonia com essa intenção, pois a sua linguagem corporal nos diz muita coisa. Se isso não for suficiente, tirem-nos do lugar se estivermos num local proibido ou se estivermos fazendo algo que não os agrada. Estimulem em nós os comportamentos mais adequados – como brincar no chão em vez de brincar no balcão da cozinha; brincar com os nossos brinquedos e não com as cortinas, arranhar o arranhador e não o sofá.

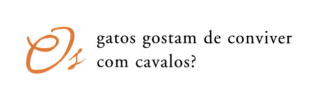
Os gatos gostam de conviver com cavalos?

Adoramos cavalos!

R: É divertido pensar que, se fôssemos GRANDES felinos, os cavalos seriam nossas presas. Mas como somos pequenos e eles são grandes, podemos conviver muito bem juntos! Os cavalos têm um nível de sensibilidade muito parecido com o nosso. Assim como nós, são criaturas extremamente sofisticadas do ponto de vista físico e energético. Quando convivemos com eles numa baia ou num estábulo, nós os sustentamos com a nossa energia e, em troca, às vezes ganhamos a sua amizade e proteção. Não se esqueçam de que os cavalos comem grãos e capim e, onde existem grãos e capim, também existem ratos e camundongos. Temos uma fonte constante de alimento e evitamos que os roedores ataquem a comida dos cavalos e se proliferem pelo estábulo. Todo mundo sai ganhando.

o modo de ser dos gatos

capítulo seis

"Uma casa que tem um gato não precisa de esculturas."
— Wesley Bates

Por que os gatos ronronam?

Vocês riem, nós ronronamos.

R: Os seres humanos têm o dom de rir. Os gatos têm o dom de ronronar. Ronronamos para confortar vocês. Ronronamos quando estamos felizes. Ronronamos quando estamos feridos, para nos confortar. O ronronado produz uma determinada vibração que pode curar e reequilibrar o nosso corpo e os nossos sistemas internos, assim como pode acalmar e equilibrar outras criaturas, especialmente os seres humanos. Vocês precisam de toda ajuda que possamos lhes dar.

Vocês ronronam em diferentes freqüências e tons para obter resultados diferentes?

Isso mesmo, e com um propósito muito bem definido.

R: É ronronando que expressamos prazer e confortamos os outros e a nós mesmos. Também costumamos ronronar em diferentes tons e freqüências para nos curar, curar os nossos filhotes e os nossos amigos humanos. Somos sensíveis a vibrações de doenças, estresses ou desequilíbrios. Por exemplo, quando vocês estão gripados, o seu sistema respiratório vibra de modo diferente. Emoções em desequilíbrio também irradiam uma vibração diferente das emoções equilibradas. O stress afeta diferentes órgãos do corpo, causando oscilação vibracional nos pontos mais vulneráveis. Ronronando em diferentes tons, ritmos e freqüências, podemos reequilibrar os órgãos e sistemas do corpo de vocês para corrigir as suas vibrações.

Por que às vezes vocês miam ou uivam sem nenhum motivo aparente?

Sempre existe um motivo.

R: Como somos predadores, tomamos muito cuidado ao vocalizar. Se emitirmos um som alto demais, podemos afugentar uma presa que nos serviria de refeição. As fêmeas uivam quando estão no cio. Os machos uivam para afugentar os oponentes. Entre nós, uivamos para alertar, ameaçar ou estabelecer o nosso território. Quando vivemos com seres humanos, miamos para pedir comida ou outra coisa que queremos, assim como para expressar descontentamento ou desconforto. Muitos de nós gostam de "conversar". Outros não são de muita conversa. Usamos a freqüência sonora deliberadamente, e muitas vezes lançamos mão dela para reequilibrar as energias de um lugar.

Os gatos siameses desenvolveram uma capacidade de vocalização diferente e muito sofisticada que nos beneficia quando estamos em meio a matagais, para nos diferenciar da cacofonia provocada pela vocalização de outros animais. Embora muitos seres humanos achem o miado do siamês desagradável, aprendemos a usá-lo de modo eficiente para conseguir o que queremos.

Por que vocês gostam da erva-dos-gatos?

A erva-dos-gatos nos ajuda a entrar num estado alterado.

R: A erva-dos-gatos é uma amiga maravilhosa do reino vegetal, que nos estimula e também nos relaxa. Temos um relacionamento intenso com esse reino. Falamos com as plantas o tempo todo, pois elas têm uma consciência com a qual podemos entrar em contato. Sentimos a saúde delas, o seus ritmos, propósito e função. As plantas nos ensinam muito sobre o nosso ambiente e sobre as outras criaturas que vivem em lugares específicos. Temos um olfato seletivo que nos ajuda a entender os vegetais, mas também nos comunicamos com eles em outros níveis.

Por que vocês detestam água?

A água é um elemento estranho para nós no nível celular.

R: Os nossos ancestrais do deserto não tinham acesso a grandes porções de água nem as conheciam. Temos a memória celular de que gostamos de água gotejando, pois na maioria das vezes era apenas dessa maneira que nos relacionávamos com ela. Até hoje, preferimos lamber a água pingando de uma torneira do que bebê-la de uma vasilha. Na verdade, fomos feitos para absorver da nossa presa toda a umidade de que o nosso corpo precisa. Quando somos saudáveis e comemos carne, raramente precisamos beber água. E nem venham nos falar em banho!

Por que vocês têm medo de neve caindo?

O que um animal do deserto sabe sobre a neve?

R: A neve é de fato um conceito estranho à nossa memória celular. Ela invade o nosso espaço e entra nos nossos olhos. É fria e úmida. Adoramos lugares secos e quentes. Às vezes os filhotes até se divertem um pouco com a neve. E se vivemos em lugares onde há neve por muitas gerações, podemos até tolerá-la.

Como vocês se sentem com relação aos passeios de carro?

Não costumamos gostar.

R: Os passeios de carro são desconfortáveis, pois as vibrações e as variações de luz e som geralmente nos deixam estressados. Nós nos sentimos vulneráveis e ficamos desesperados para encontrar um lugar seguro. Alguns de nós tentam encontrar o lugar mais alto possível, enquanto outros tentam entrar debaixo do assento do carro. Para nós é sempre melhor que estejamos dentro de um transportador que não possamos abrir com as garras. Alguns de nós se acostumam a viajar de carro caso façam isso com freqüência, e se tornam capazes de processar todos esses estímulos. Se só saímos de carro para visitar a clínica veterinária, podem ter certeza de que associaremos os passeios de carro com experiências de dor

Qual é o critério que usam para escolher o seu lugar predileto?

Ele parecer o lugar certo no momento!

R: O lugar certo para uma soneca tem muitas qualidades. Primeiro, ele é seguro. Segundo, é confortável. Terceiro, ele garante a nossa privacidade e/ou permite uma visão panorâmica. Um local que pode parecer perfeito no verão pode ser frio demais na primavera, no outono e no inverno. Os nossos esconderijos favoritos no inverno – se vivemos num lugar de clima quente – geralmente são ensolarados e/ou quentes. A maioria dos gatos adora sol e realmente sente falta dele quando moram num apartamento que não recebe luz solar direta.

Se vocês moram num apartamento onde não bate sol, considerem a possibilidade de comprar uma lâmpada de "espectro total". Dependendo da lâmpada, podemos aceitá-la como um substituto temporário do sol. Ela não deve ficar próxima demais de nós, mas a uma distância confortável. Cada gato reage de um jeito a essa lâmpada.

Alguns a aceitam e outros não. Perguntem-nos em que lugar do cômodo preferimos que ela fique e a que distância da nossa cama. Se vocês perguntarem, nós lhes mostraremos.

Os nossos esconderijos prediletos variam, dependendo da estação do ano, do tempo e das energias da casa. Quando a cama de vocês se torna o nosso local favorito, isso é sinal de que gostamos da energia de vocês ou que vocês precisam da nossa energia para reequilibrar as suas energias.

Por que vocês gostam de ficar em lugares altos?

Porque eles são mais seguros e proporcionam uma visão panorâmica.

R: Ser pequeno e ser predador é uma combinação interessante. Deus nos concedeu garras para escalarmos e para nos ajudar na sobrevivência. Se estamos num ponto mais alto que os predadores maiores, estamos seguros. Mesmo dentro de uma casa, os locais mais altos nos dão uma sensação de segurança. Quando estamos no alto, podemos inspecionar o nosso território e avistar grandes predadores que possam querer nos comer e também presas que nem suspeitam que podem se tornar a nossa próxima refeição.

Por que vocês estão sempre trançando nas nossas pernas?

A energia forte de vocês nos envolve!

R: Às vezes, os seus pés em movimento se assemelham a presas, outras vezes a predadores. Há ocasiões em que somos atraídos pelo movimento da energia quando vocês atravessam um cômodo com uma forte intenção. Notem que, quando vocês andam em silêncio e com cuidado, não ficamos trançando nas pernas de vocês. Quando estão com pressa, somos literalmente "varridos" para dentro do seu campo energético.

Por que às vezes vocês fazem as suas necessidades fora da caixa de areia?

Por muitas razões diferentes.

R: Primeiro, quando estamos doentes, muitas vezes fazemos as nossas necessidades fora da caixa de areia para chamar atenção e mostrar que precisamos dos seus cuidados. Paramos de usar a caixa de areia quando ela está suja, está velha demais ou há muitos gatos usando a mesma caixa. Às vezes, deixamos de usar a caixa quando outro gato da casa está nos perseguindo ou quando um outro gato, cachorro ou pessoa passa a morar na nossa casa. A segurança é um fator importante para nós, por isso, quando não nos sentimos seguros, podemos fazer as necessidades fora da caixa para mostrar que algo está nos incomodando. Raramente fazemos isso para castigar vocês. Embora ajamos desse modo para mostrar que algo está nos aborrecendo, esse comportamento significa que estamos pedindo a ajuda ou o apoio de vocês. Não é uma declaração de guerra. O que ganharíamos com isso?

Nada! Pelo contrário, provavelmente sairíamos perdendo, pois seríamos afastados da nossa casa. Esse não é o nosso objetivo nem o nosso desejo. Esse comportamento é uma maneira de chamar a atenção de vocês. Precisamos que nos compreendam e nos ajudem caso isso se torne um problema crônico.

Por que vocês borrifam urina pela casa?

Para marcar território e impor a nossa presença.

R: Borrifar com urina objetos do nosso território, quando sentimos que precisamos defender ou proteger o nosso espaço, é algo completamente natural para os gatos. Todos os felinos – desde os tigres e leões até os gatos domésticos – fazem isso. Segurança é um conceito-chave neste caso. Na maioria das vezes, borrifamos urina quando outro gato entra no nosso território e/ou quando nos sentimos ameaçados. Também temos esse comportamento quando queremos comunicar a outros gatos que o território em que estão é nosso.

Para nós, pode ser difícil entender que esse comportamento é repugnante para os seres humanos, pois trata-se de uma forma de comunicação natural para nós. Falem conosco e expliquem que esse hábito os aborrece e que vocês esperam que usemos a nossa caixa de areia ou façamos xixi fora de casa. Procurem reparar se outros gatos da casa estão nos ameaçando de alguma maneira. Observem como vocês estão nos alimentando. Sentimo-nos seguros quando somos alimentados corretamente.

Por que vocês às vezes começam a se lamber de repente, logo depois que algo acontece?

É um modo de nos tranqüilizarmos.

R: Quando estamos agitados, estressados, confusos ou desorientados, podemos começar a nos lamber para nos tranqüilizar. Aprendemos isso com a nossa mãe. Vocês não fariam o mesmo se isso os tranqüilizasse imediatamente e os ajudasse a lidar melhor com uma situação?

Às vezes nos lambemos logo depois de sermos acariciados. Isso não significa que estamos tentando eliminar o cheiro deixado pela pessoa que nos afagou; estamos apenas tentando homogeneizar a nossa energia. Muitas vezes, quando nos afagam, ocorre um acúmulo de energia onde nos tocaram. Às vezes mordemos vocês para que parem os afagos ou nos lambemos para retirar esse excesso de energia.

Por que vocês se limpam tanto?

*Para limpar e arrumar o nosso pêlo
e o nosso campo energético.*

R: Nós nos lambemos para nos tranqüilizar, assim como a nossa mãe fazia. A limpeza é um ritual para remover objetos estranhos do nosso pêlo, que poderiam nos causar algum problema físico ou energético. Como somos predadores, não podemos ter restos de alimento grudados no pêlo, pois as nossas presas detectariam a nossa presença pelo cheiro. Também não queremos que o nosso odor atraia predadores maiores do que nós. No nível energético, limpamos o nosso pêlo para melhorar o fluxo energético. Um pêlo lisinho permite que a energia flua pelo nosso corpo de modo muito mais fácil e desimpedido.

Por que os gatos abanam o rabo para demonstrar descontentamento?

Não abanamos o rabo, nós nos expressamos com o nosso rabo!

R: Os cães abanam o rabo. Nós expressamos uma grande variedade de sentimentos com o rabo. Vocês podem aprender muito sobre nós se observarem atentamente o modo como usamos o nosso rabo. (Os gatos da raça manx, que não têm rabo, estão em desvantagem neste caso.) Usamos o rabo para nos equilibrar, mas também para expressar o nosso senso de identidade e o nosso nível de concentração, de irritação, de descontentamento, de afeição ou de sentimento de posse. Como essa linguagem com a cauda é muito personalizada, vocês precisarão prestar muita atenção em nós para saber o que estamos comunicando.

Por que vocês adoram brincar com caixas de papelão ou sacos de papel?

Vocês não gostam de brincar de esconde-esconde?

R: Os sacos de papel e as caixas de papelão são lugares maravilhosos para brincar! Os sacos fazem barulho e se mexem, o que é muito empolgante. Os sacos e as caixas são ótimos lugares para nos escondermos, enquanto aguardamos uma presa cruzar o nosso caminho. Também sabemos quando se trata de uma presa de mentira, como o seu pé, um brinquedo ou a sua mãe arranhando o lado de fora da caixa, mas achamos muito divertido. A expectativa quanto ao que pode acontecer é tão excitante quanto o acontecimento em si.

Por que vocês insistem em se sentar sobre o que estamos lendo?

Adoramos essa energia de concentração e tranqüilidade.

R: Quando estão lendo alguma coisa, o corpo de vocês, geralmente ativo, está numa posição de repouso. A sua energia está focada no livro, no jornal ou na revista. Vocês criam uma bolha de energia em torno de si e do livro que chama a nossa atenção. Muitos de vocês só se sentam em silêncio quando estão lendo, e nós aproveitamos a oportunidade para compartilhar momentos de tranqüilidade junto a vocês. Se estiverem lendo um jornal, a textura e o barulho do papel são especialmente atraentes para nós.

Por que vocês são criaturas de tantos hábitos?

Os hábitos podem nos dar uma sensação de segurança.

R: Nós nos sentimos mais seguros quando temos uma rotina que nos dê uma sensação de equilíbrio, estrutura e clareza. Os padrões de energia flutuam de maneiras mais previsíveis quando fazemos as mesmas coisas nos mesmos horários todos os dias. Isso não significa que vivemos simplesmente repetindo as mesmas coisas por falta de criatividade. Estamos muito conscientes de que estamos optando por seguir os mesmos padrões.

Por que a mudança é tão difícil para vocês?

Ela perturba o fluxo de energia.

R: A mudança pode nos parecer algo ameaçador. Qualquer coisa nova pode ser perigosa, pois ela perturba os padrões de energia à nossa volta. Por exemplo, digamos que vocês tenham comprado um sofá novo. Primeiro, pessoas estranhas entram na nossa casa e levam o sofá velho embora. Temos de processar e ajustar as nossas energias. O tamanho, o formato e o cheiro do sofá velho eram familiares para nós. Nós deixamos que ele passasse a fazer parte do nosso campo energético e estabelecemos a nossa zona de conforto em torno dele. Agora, de repente, levam o sofá embora. Fica um grande vazio. Nós nos sentimos vulneráveis. E, então, antes que possamos processar a falta do sofá conhecido, chega um sofá novo, com um cheiro diferente, uma aparência diferente, dimensões diferentes e uma energia diferente. Temos de reequilibrar a nossa energia e ajustá-la ao novo sofá. A maioria de nós sabe fazer esse ajuste energético e criar uma nova zona de conforto. Cada um de nós faz isso no seu próprio ritmo. Alguns de nós são ultra-sensíveis e por isso levam um pouco mais de tempo.

os *sentidos*
e sensibilidades
      dos gatos

capítulo sete

*"Existem duas maneiras de nos refugiarmos
das agruras da vida: a música e os gatos."*
— Albert Schweitzer

Como é a visão dos gatos?

Extremamente nítida.

R: A nossa visão, capaz de detectar os mínimos detalhes, é comparável à do falcão. Também temos nos olhos sensores de luz que compensam gradações de luz e sombra. Os nossos olhos se ajustam instantaneamente às mudanças de luz, fazendo de nós excelentes caçadores. A nossa visão é extremamente importante para a caça. Podemos caçar sem as garras ou sem a audição, mas sem visão ficaríamos indefesos no mundo selvagem. Contudo, se perdermos a visão enquanto estivermos sob os cuidados de seres humanos, aprenderemos a compensar essa perda com os nossos outros sentidos e viveremos normalmente dentro de casa.

Como já mencionamos, também temos a capacidade de "ver" formas, cores e energias invisíveis à maioria dos seres humanos.

Vocês vêem cores?

Percebemos as cores em muitos níveis.

R: Vemos cores assim como vocês, mas em matizes mais intensos. Como percebemos as vibrações cromáticas, cada cor provoca em nós uma sensação diferente. Por exemplo, se vocês usarem uma roupa vermelha, sentiremos uma vibração rápida; se vestirem uma peça azul, nós nos sentiremos mais calmos e tranqüilos.

Percebemos cores não-físicas também, como as diferentes cores do seu campo energético. Esse campo irradia cores que indicam equilíbrio, desequilíbrio, doença e bem-estar. Um corpo com saúde perfeita irradia cores diferentes de um corpo doente. Alguns seres humanos também conseguem enxergar essas cores. Como os gatos, essas pessoas podem, se quiserem, reequilibrar os campos áuricos e acelerar a cura de pessoas enfermas.

Vocês também têm uma audição ultra-sensível?

Comparada com a dos seres humanos, temos.

R: A nossa audição é aproximadamente sete vezes mais aguçada que a de vocês. Nós ouvimos com os nossos ouvidos físicos e também com os nossos ouvidos espirituais, que são clariaudientes. Como podemos mover as orelhas, somos capazes de discernir o local de onde provém um som com muito mais precisão que os seres humanos. Conseqüentemente, somos mais sensíveis a sons altos, inclusive música em volume alto e discordante. O som é capaz de curar, mas ele também pode perturbar, distorcer, provocar lesões e até matar. Alguns sons aos quais os seres humanos estão acostumados são prejudiciais. Fazemos o possível para evitar esses sons, pois, assim como acontece com o sistema imunológico humano, quando ficamos muito expostos a sons altos e destrutivos o nosso sistema imunológico é prejudicado. Como regra geral, se costumamos evitar ou nos esconder de sons muito freqüentes no ambiente em que vivemos, isso é sinal de que estamos todos propensos a ficar doentes.

# Como vocês usam os bigodes?

Eles aumentam a nossa sensibilidade.

R: Os nossos bigodes são extremamente sensíveis e úteis. Os bigodes propriamente ditos são apenas pêlos longos e duros, mas na base desses pêlos há uma rede de nervos que nos permitem sentir qualquer coisa que entre em contato com o bigode e fazer uma leitura acurada da distância, da temperatura, da massa e do espaço. Os bigodes são a nossa segunda "pele", depois do nosso campo energético, pois nos ajudam a perceber detalhes que são decisivos para a nossa sobrevivência e/ou para a caça.

Por que vocês geralmente caem de pé?

Porque temos um equilíbrio perfeito.

R: O nosso corpo foi feito para tocar o chão da maneira mais eficiente possível para sobreviver e fugir. A distância do chão determina se cairemos de pé ou não. Se cairmos de um lugar muito alto ou muito baixo, não conseguiremos cair de pé.

No nível energético, o fato de cairmos de pé significa que nunca somos pegos desprevenidos. Estamos sempre preparados para tudo e somos sempre capazes de improvisar e superar dificuldades. Essa característica faz com que sejamos ótimos exemplos para vocês.

Como vocês se sentem com o fato de alguns criadores de gatos realizarem cruzamentos para obter uma aparência e cor de pêlo específicas?

Tudo depende das razões desses cruzamentos.

R: A nossa coloração natural nos serve de camuflagem na grande variedade de ambientes em que vivemos. Desenvolvemos uma pelagem mais longa nos lugares de clima frio. Combinações de cores incomuns se desenvolvem de acordo com a nossa interação com a sociedade humana. Por exemplo, a raça de gatos chartreux, de pelagem cinza-azulada, desenvolveu-se entre as pedras acinzentadas da catedral de Chartres. Em outras palavras, quando começamos a viver com os seres humanos, a nossa coloração tornou-se mais uma questão de estética do que de sobrevivência.

Quando assumimos um compromisso com os seres humanos, abrimos mão de parte da nossa autonomia. Fomos classificados em "raças". A maioria das raças de gatos é uma simples variação do espécime original, mas alguns criadores desrespeitosos criaram raças que na verdade nos enfraquecem ou distorcem as nossas características originais. Por exemplo, alguns exemplares da popular raça persa têm até dificuldade para respirar por causa do nariz achatado. Quando o focinho é achatado demais e os olhos muito grandes, o fluxo energético para a cabeça e em torno dela fica prejudicado. Passamos a ter secreção nos olhos e no nariz. O nosso sistema imunológico vive em estado de alerta. Não gostamos de lamber o nosso pêlo porque a nossa boca e língua são mal-formados. Os persas são gatos fracos e, por causa disso, desenvolvem muitas anomalias físicas e comportamentais.

Se vocês nos amam, procurem desenvolver em nós apenas características que favoreçam o nosso temperamento, a nossa saúde e a nossa longevidade.

O que vocês acham das exposições de gatos?

As exposições de gatos são para as pessoas, não para gatos.

R: Vocês adoram nos exibir! Alguns de nós não se importam, outros detestam ficar numa gaiola e ser manipulados por juízes. É uma questão de gosto pessoal. Perguntem ao seu gato se ele gosta de ir a exposições. Ouçam e observem como o seu gato lida com esse ambiente. Se nos acostumamos com eles desde que somos filhotes, temos um local seguro que garanta a nossa privacidade e gostamos do contato com pessoas, não há nenhum problema em nos levar a exposições. Se vocês respeitarem as escolhas dos seus gatos, as exposições serão mais agradáveis para todos.

Vocês gostam que as pessoas elogiem vocês, dizendo que são belos e adoráveis?

Claro! Nós somos belos e adoráveis.

a alimentação, a saúde e o bem-estar dos gatos

capítulo oito

"*O gato não negocia com o rato.*"
— Robert K. Massie

Por que vocês gostam de peixes?

Porque eles têm um cheiro delicioso!

R: Os gatos domésticos são descendentes de um ancestral felino que vivia no deserto – o mesmo que foi conhecer os primeiros assentamentos egípcios e resolveu ficar por ali. As nossas fontes de alimento, na época, eram roedores, passarinhos, ovos, insetos e répteis. Dependíamos de cobras e lagartos para obter certos nutrientes e óleos corporais. Os peixes têm os mesmos nutrientes e, além disso, exalam um odor fabuloso!

Por que vocês não gostam de comer comida fria?

Porque ela não tem um cheiro bom.

R: Damos muita importância ao cheiro da nossa comida. A maioria de nós se recusa a comer algo cujo cheiro não podemos sentir. Somos feitos para comer carne fresca, recém-caçada e ainda quente. Para o nosso faro, comida fria significa comida velha.

Nós não podemos alimentá-los com pássaros e camundongos, então o que podemos fazer?

Alimentos úmidos são fundamentais.

R: Alimentos desidratados são terríveis para nós. Ficamos viciados neles e acabamos prejudicando a nossa saúde. Toda a umidade de que o nosso corpo precisa deveria vir da nossa presa. Os nossos rins não foram feitos para processar água. Quando comemos ração seca, por exemplo, somos forçados a tomar água e isso desgasta os nossos rins. Não conseguimos processar grandes quantidades de carboidratos a partir de alimentos desidratados. Os únicos carboidratos que deveríamos ingerir são as pequenas quantidades encontradas no estômago das nossas presas. Carne crua é o mais indicado; comida feita em casa também. A comida enlatada, se for produzida com carnes de qualidade, também é aceitável.

Como vocês se sentem com relação à castração?

Isso depende de como e por que ela é feita.

R: Só cruzamos com o objetivo de procriar. Não vemos nenhuma diversão nisso. É uma necessidade. Os períodos de cio são problemáticos para a gata. As flutuações hormonais estressam o organismo dela. Ter filhotes também não é nada divertido. É uma necessidade. No entanto, adoramos ser mães. Eis um paradoxo. Adoramos cuidar dos nossos bebês, ronronar para eles, observá-los enquanto exploram o mundo, ensiná-los a ficar seguros e felizes. Mas não queremos ter filhotes para que vivam num ambiente hostil. Como todas as mães, queremos que eles tenham a chance de ter uma vida digna de ser vivida. Se isso for impossível, é melhor que não nasçam.

Reconhecemos que, atualmente, existem muito mais filhotes do que lares para abrigá-los. A vida nas ruas é estressante demais e a maior parte do tempo é assustadora. A castração pode ser uma bênção. E é um alívio para nós não ter de passar pelos períodos de cio.

A castração é aceitável na maioria dos casos. Quando não somos castrados, a maioria dos machos não pode resistir ao odor e ao impulso energético de uma fêmea no cio. Tornamo-nos escravos dos nossos hormônios e muitas vezes ficamos obcecados em marcar território. Isso nos desvia da nossa missão espiritual.

A época da castração é importante. Se somos castrados quando temos por volta de seis meses de idade, costumamos ficar mais carinhosos com os membros da nossa família humana e mais interessados em relacionamentos não-felinos. A castração realizada antes desse período, às vezes quando temos apenas seis semanas de vida, prejudica o nosso desenvolvimento, tanto físico quanto energético.

Como vocês se sentem com relação a medicamentos e vacinas?

A maior parte deles invade o nosso corpo e causa mais prejuízos do que benefícios.

R: A maioria dos gatos tem algum tipo de comprometimento físico devido à medicina humana invasiva e os alimentos processados. Com o aumento das doenças causadas pelas substâncias químicas com as quais somos bombardeados, não vivemos mais do que 10 anos. As vacinas são um veneno para nós. Se as recebemos quando ainda somos filhotes e ainda não desenvolvemos plenamente o nosso sistema imunológico, o estrago é maior ainda. A vacinação anual enfraquece o nosso organismo e acaba por nos matar, se não rapidamente, aos poucos.

Os antibióticos podem ser muito úteis se contraímos uma infecção aguda ou se não conseguimos nos curar naturalmente. Se ministrada por outras razões, eles simplesmente atrapalham o nosso processo de cura. Os esteróides destroem o nosso fígado e dificultam a cura. Os antidepressivos feitos para os seres humanos provocam distorções no nosso campo energético e também dificultam a nossa recuperação. Lembrem-se, somos agentes de cura sensíveis. Podemos cooperar com medicamentos naturais e com diferentes formas de medicina vibracional. Essas modalidades de tratamento estimulam a nossa capacidade de cura, enquanto as substâncias químicas fazem justamente o contrário.

A única cura verdadeira é a lembrança de que somos seres com uma saúde e equilíbrio perfeitos. Qualquer coisa além disso é invasiva.

Como vocês se sentem com relação à cirurgia para remoção das garras?

É uma mutilação horrível e traumática.

R: Quando vocês removem as garras do seu gato, estão destruindo a maior defesa que ele tem. No nível físico, precisamos das garras para escalar, para nos defender e para segurar a nossa presa. No nível energético, as nossas garras são importantíssimas para nós. Elas são uma parte do nosso ser, uma extensão das nossas patas, assim como os seus dedos são extensões das suas mãos. As garras não são como as unhas dos dedos humanos; elas fazem parte dos nossos dedos. Pensem na remoção das garras como se fosse a mutilação dos seus dedos. Como vocês se sentiriam?

Alguns de nós aprendem a viver sem dedos reconstruindo-os no nosso corpo etérico. Outros nunca se recuperam e se sentem inseguros e vulneráveis pelo resto da vida. Isso pode causar comportamentos neuróticos que as pessoas acham desagradáveis ou inaceitáveis. Então somos castigados, banidos ou exterminados, não por nossa culpa, mas porque vocês causaram uma mutilação irreparável em nós.

Por que os filhotes de gatas resgatadas das ruas muitas vezes morrem?

Porque aprenderam com ela que o mundo é um lugar hostil.

R: Muitas vezes, quando uma gata de rua é levada a um lugar seguro para dar a luz, os gatinhos não se desenvolvem bem, ficam enfraquecidos e morrem. Mesmo quando a mãe é bem-alimentada e mantida num local aquecido, isso acontece. Por quê? Porque, ao longo da gravidez, a mãe gata temeu pela sua vida nas ruas. Ela não sabia onde ou quando seria a sua próxima refeição. Era perseguida por cães, pessoas, carros e outros gatos. E transmitiu esse medo, pela placenta, para os filhotes em gestação. Antes de nascer, eles já aprenderam que a vida seria aterrorizante. Quando nasceram, decidiram que seria melhor morrer do que viver nesse ambiente tão hostil.

Podemos fazer alguma coisa para mudar as percepções de um filhote?

Só em alguns casos.

R: O primeiro passo é tranqüilizar a mãe, dando-lhe carinho e um espaço seguro onde ela possa ficar sozinha com os filhotes no primeiro dia. Providenciem comida fresca e aquecida regularmente e digam a ela e aos filhotes que eles estão seguros. Se os gatinhos não mamarem, aproximem-se delicadamente, explicando que vocês querem ajudá-los. Massageiem os filhotes suavemente com um pano macio, começando da carinha e passando pelo corpo todo. Façam isso na mãe gata também, se ela deixar. Mentalizem uma imagem de todos se alimentando e se sentindo amados e seguros. Se eles conseguirem alterar a programação anterior, recebida no útero da mãe, começarão a comer e a crescer. Se a mãe estiver com muito medo, essa mudança pode não acontecer com rapidez suficiente e eles morrerão.

O que vocês acham da eutanásia?

Às vezes, é útil, mas na maioria dos casos é dispensável.

R: A eutanásia pode ser útil se estivermos sofrendo por causa de uma doença grave ou de ferimentos muito profundos. Normalmente optaríamos por morrer naturalmente, mas percebemos que a maioria das pessoas não agüenta nos ver morrer. É claro que vocês não precisam presenciar a nossa morte. Podem nos deixar sozinhos nessa hora. Isso exige uma boa dose de desprendimento e compreendemos que se trata de um desafio para vocês.

Aplicar a eutanásia em gatos e filhotes saudáveis é assassinato. No entanto, se vocês são obrigados a participar dessa prática, ajudaria muito se falassem conosco e nos dessem tempo para preparar a nossa alma para a partida. Se tivermos esse tempo, a nossa passagem será mais fácil e tranqüila.

E se vocês estiverem sofrendo dores?

A dor é uma questão pessoal.

R: Se estivermos nos estertores da morte ou sentindo muita dor, vocês saberão. Às vezes, a dor que vocês sentem é maior do que a nossa. Saibam que, se vocês se precipitarem, teremos mais trabalho no mundo espiritual para eliminar as lembranças de uma eutanásia desnecessária ou então levaremos esse trauma para uma vida futura.

Como podemos ajudá-los a serem mais saudáveis e a viverem mais?

Dêem-nos alimentos de qualidade e cuidem melhor de si mesmos.

R: Parem de intoxicar o nosso corpo e o de vocês! No nosso caso, essa intoxicação é provocada de diversas maneiras: alimentos de baixa qualidade; medicamentos químicos; substâncias químicas usadas nos tapetes, na mobília, nas paredes e no ar; barulhos discordantes; vidas estressantes (a de vocês); relacionamentos infelizes. Se vocês nos alimentarem corretamente, seremos mais saudáveis e viveremos mais. Tomem cuidado com a poluição auditiva e química no ambiente que dividem conosco. Isso não afeta apenas a nós, mas a vocês também.

O stress e os relacionamentos infelizes roubam anos da vida de vocês. Por que insistir em algo que torna a vida desagradável? O corpo de vocês sabe disso. Quando vocês levam para casa os seus problemas e não tomam uma atitude com relação aos relacionamentos infelizes (do passado ou do presente), usamos a nossa energia para ajudar vocês. Temos o compromisso de fazer isso, mas quanto mais stress vocês sentem e menos se responsabilizam por ele, mais usamos a nossa própria energia e reservas físicas para ajudá-los. Nós "puxamos" para o nosso corpo o stress e a doença, para aliviar o fardo de vocês.

Por isso, se começarem a cuidar melhor de si mesmos, poderemos usar a nossa energia para lidar melhor com todos os problemas causados pelo fato de vivermos num mundo poluído. Depois que vocês passam a se sentir bem e a viver uma vida menos "problemática", terão mais condições de ajudar a diminuir os problemas da sua comunidade, do seu estado, do seu país e do mundo!

Como podemos ajudá-los a se sentirem mais à vontade na clínica veterinária?

Preparem-nos antes e procurem eliminar qualquer coisa que possa nos estressar.

R: A maioria das clínicas veterinárias é um ambiente hostil para nós. Não gostamos de ficar perto de pessoas e animais que não conhecemos. Eis aqui algumas maneiras de vocês nos ajudarem:

1. Levem-nos à clínica veterinária em horários de pouco movimento ou que só atenda gatos.
2. Preparem-nos para ir à clínica explicando-nos o que nos espera.
3. Dêem-nos a notícia pelo menos algumas horas antes.
4. Sejam positivos e mostrem entusiasmo.
5. Coloquem-nos dentro de um transportador de onde não possamos fugir quando estivermos dentro do carro.
6. Coloquem uma toalha, cobertor ou roupa de vocês dentro do transportador.
7. Fiquem conosco na sala de exame.
8. Peçam ao veterinário que, antes de nos examinar, lave as mãos com um sabonete que não contenha substâncias químicas.
9. Não deixem que nos dêem mais de um medicamento por visita, se possível.
10. Levem-nos de volta para casa o mais rápido possível.

a mente e o *espírito* dos gatos

capítulo nove

"Eu acredito que os gatos sejam espíritos vindos à Terra. Tenho certeza de que um gato andaria numa nuvem sem atravessá-la."
— Júlio Verne

Temos a impressão de que vocês pensam o tempo todo. Vocês pensam em palavras ou em imagens?

Das duas maneiras e de outras também.

R: Embora o nosso cérebro pareça menor e mais simples do que o humano, nós pensamos com o corpo todo. Vocês deixam de perceber muita coisa quando avaliam a inteligência com base no tamanho do cérebro. Olhem desta maneira. Primeiro, os seres humanos concluíram que usam apenas 10% do cérebro, no entanto vocês argumentam que, pelo fato de o cérebro humano ser um dos maiores, vocês devem ser criaturas de grande inteligência. Então vocês vão mais além e julgam o nosso cérebro inferior pelo fato de ser menor. Será que alguém já parou para investigar quantos por cento do nosso cérebro nós usamos? Usamos uma porcentagem muito maior do que vocês!

Vocês também medem a inteligência com base na sua capacidade de falar, escrever, construir coisas e controlar o mundo. Vocês confundem um intelecto bem-desenvolvido com inteligência. Nós, gatos, definimos a inteligência com base na capacidade de utilizar todos os talentos e faculdades para atingir resultados equilibrados. Isso inclui usar o coração e a intuição, assim como todos os outros sentidos, sentimentos e experiências físicas e extrafísicas. Na nossa vida, o cérebro é apenas um dos componentes da inteligência. Na vida humana, a glorificação do cérebro, comum em muitas culturas, causou desequilíbrio e uma grande falta de inteligência. Decisões baseadas apenas na razão são incompletas e insatisfatórias. Vocês só precisam olhar o estado em que está o planeta para ver como essa ênfase no intelecto causou danos! Quando os seres humanos valorizarem os outros sentidos assim como valorizam o cérebro, a verdadeira inteligência voltará a imperar.

Temos pensamentos como vocês. Percebemos estímulos visuais, auditivos e cinestésicos tanto no reino físico quanto no extrafísico.

Por que vocês eram reverenciados no antigo Egito?

Tínhamos um relacionamento de cura especial com os seres humanos.

R: Não éramos reverenciados no Egito apenas por sermos bonitinhos e bons caçadores de ratos! A nossa boa reputação devia-se à nossa capacidade de maximizar os talentos dos médicos e agentes de cura e de dar suporte a eles. Quando uma pessoa estava doente, purificávamos o ambiente em que ela estava transmutando energias de doença ou desequilíbrio e formas-pensamento do paciente e/ou do curador. Depois ajudávamos a conectar o agente de cura com a fonte de toda cura – Deus. Em seguida, entrávamos em sintonia com o paciente e começávamos a curar a sua doença em parceria com o médico.

Hoje em dia, os gatos ajudam a nos "curar"?

Com certeza.

R: O gato que mora na sua casa tem a mesma capacidade de cura que os seus ancestrais egípcios. Por exemplo, se vocês tiverem uma gripe, somos capazes de escanear os seus órgãos e sistemas para localizar o vírus com precisão. O vírus carrega uma vibração energética diferente daquela de um corpo saudável. Nós nos concentramos no vírus da gripe e o isolamos. Em seguida, se vocês estiverem prontos para se libertar do vírus, nós o sugamos do corpo de vocês e o atraímos para a sua aura, ou corpo energético. Depois o transferimos do seu campo energético para o nosso, onde o fragmentamos e o liberamos num estado "inofensivo".

Como os gatos nos ajudam em nossa cura?

Transmutando a energia negativa de vocês.

R: Quando vocês estão doentes, o seu campo energético, ou aura, apresenta um desequilíbrio. Para que a cura seja completa, é preciso extirpar a doença tanto no corpo quanto no campo energético. Toda noite, quando vocês vão dormir, trabalhamos para eliminar do seu campo energético acúmulos energéticos desnecessários ou prejudiciais.

No dia-a-dia, muitos de vocês acumulam energias indesejáveis na aura – resquícios de emoções, pensamentos destrutivos e energias de outras pessoas também. Quanto mais sensíveis ou empáticos vocês são, mais acúmulos energéticos vocês tendem a atrair e carregar na aura. A maioria dos seres humanos não tem consciência disso, embora muitos de vocês se sintam "pesados", "cansados" ou "sobrecarregados" depois de passar algum tempo no trânsito, num shopping, em reuniões ou aglomerações. Essas sensações têm uma razão de ser. O acúmulo da energia de outras pessoas ou de materiais etéricos, caso não seja eliminado, faz com que se sintam cansados e doentes. É aí que nós entramos. Assim como no Egito antigo, nós sentimos esse acúmulo energético na aura de vocês, atraímos essas energias para o nosso próprio campo energético e depois as liberamos. Vocês são purificados, sentem-se mais leves e dormem melhor, o que os ajuda a enfrentar o dia seguinte com energia renovada.

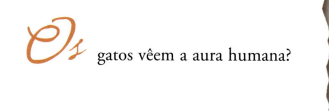

Os gatos vêem a aura humana?

A aura ou campo energético humano é tão visível para nós quanto os seus braços e pernas!

R: Quando olhamos para vocês, vemos o seu corpo físico, mas também a sua aura, ou campo energético. Na verdade, o estado da sua aura costuma ser muito mais interessante para nós do que o que acontece com o seu corpo físico. Quando focalizamos a sua aura, captamos uma imagem detalhada da sua saúde física, emocional e espiritual. Literalmente, lemos vocês como um livro aberto. Isso nos ajuda a avaliar melhor se vocês serão gentis conosco, se não gostam de nós, se sentem medo ou se querem se aproximar. Assim podemos tomar rapidamente uma decisão sobre como reagir a vocês.

Onde desenvolveram essa habilidade?

Digamos que seja um "acessório de fábrica".

R: Somos provavelmente os predadores mais sensíveis do planeta. Os membros da família felina, de todos os tamanhos, são ótimos caçadores e sabem como superar os desafios da vida, caso contrário não conseguiriam viver em todas as zonas climáticas da Terra. A nossa visão e outros sentidos são extremamente aguçados. Os nossos seis sentidos – visão, audição, tato, olfato e percepção extra-sensorial – são extremamente sofisticados. Somos capazes de perceber as mais sutis flutuações da temperatura e/ou das vibrações que indicam a presença de uma presa nas proximidades.

Usamos o nosso campo energético, ou aura, para realizar muitas coisas. Por exemplo, quando perseguimos uma presa, mantemos a nossa aura praticamente colada ao corpo físico. Assim, quando a presa está no nosso raio de alcance, projetamos sobre ela o nosso campo energético, como uma rede, para desorientá-la por tempo suficiente para a capturarmos. Também podemos estender o nosso campo para abranger todo um território, de modo que ele funcione como uma antena para detectar presas ou outros predadores.

Ao longo dos séculos, aperfeiçoamos esse processo como medida de sobrevivência. Quando decidimos viver com os seres humanos, adaptamos o nosso trabalho energético para podermos usá-lo não só em benefício próprio, mas também para ajudar e amparar a humanidade.

Vocês vêem espíritos?

Vemos, sempre que eles estão por perto.

R: Por espírito, supomos que estão se referindo a seres desencarnados. Como somos sensíveis às energias, sentimos e até vemos espíritos que estão de passagem ou que compartilham conosco o nosso espaço. A maior parte desses seres não benignos, mas nem todos. Alguns estão presos entre duas dimensões. Outros carregam energias que podem prejudicar organismos vivos. Quando encontramos esse tipo de energia, fazemos o possível para afastá-la. Normalmente esses seres são repelidos por nós porque não estamos interessados em energias que não favoreçam a vida.

Ocasionalmente, se estamos fracos ou doentes, um espírito pode possuir o nosso corpo. Isso pode ser um problema, pois lutaremos contra essa energia invasora. Pode parecer que estamos possuídos, porque de fato estamos. Se vocês suspeitarem de que estamos passando por uma situação como essa, ajudem-nos alimentando-nos bem e fazendo o possível para que recuperemos a nossa força física. Tenham cuidado com medicamentos que possam beneficiar a energia invasora, reprimindo o nosso sistema de defesa interno. Em vez disso, favoreçam o nosso restabelecimento com fortificantes naturais como ervas, suplementos naturais e terapias holísticas. Quando recuperamos as forças, geralmente podemos expulsar essas energias invasoras.

Também vemos e sentimos seres angélicos. Eles vivem ao nosso redor – e ao redor de vocês – o tempo todo, oferecendo amor, conforto e assistência. As fadas são seres angélicos ou dévicos que nutrem as plantas e flores e cuidam delas. Cada planta tem a sua própria fada, e também existem devas de energia mais ampla que supervisionam os jardins, as florestas, os campos e outros lugares da natureza. Muitos de nós adoram se sentar em meio às plantas e sentir essa energia dévica. Nós nos comunicamos com esses seres sempre que temos vontade. Às vezes, quando fadas entram dentro de casa para brincar, nós observamos e entramos na brincadeira. Elas são companhias muito divertidas. Vocês podem observar quando brincamos com as fadas. É como se estivéssemos brincando com algo invisível.

Por que as bruxas são associadas aos gatos pretos?

Intriga da oposição.

R: Desde o antigo Egito, séculos atrás, ajudamos os agentes de cura a tratar os seus pacientes. Na Antigüidade, havia um número proporcional de agentes de cura do sexo masculino e feminino, para que houvesse equilíbrio. Com o tempo, o número de mulheres dedicadas às artes de cura passou a ser maior. Os homens passaram a se interessar mais pelo mundo material e pelas suas seduções. As mulheres continuaram a cuidar das jovens mães, das crianças, dos velhos, dos doentes e dos inválidos. Nós ajudamos essas "mulheres sábias" a trabalhar com o reino vegetal, mostrando a elas plantas com grandes poderes de cura, como a camomila, a menta e a hortelã, as ervas para ajudar nos nascimentos, a amenizar a dor e a purgar ferimentos. Essas mulheres viviam em regiões onde podiam colher e cultivar essas ervas. Elas desenvolveram a intuição e não se envolviam muito nas práticas seculares. A profissão e vocação delas era se conectar com os seres humanos com os recursos de cura do mundo natural.

Essas mulheres normalmente tinham um gato ou vários deles, que lhes serviam de parceiros em seus trabalhos de cura.

Enquanto os aldeões costumavam viver em cidades, essas curandeiras costumavam morar nos bosques, onde podiam viver mais tranqüilas, sem serem perturbadas. Como a arte que praticavam exigia tempo e dedicação para ser compreendida, as pessoas começaram a temê-las. Os mal-entendidos sempre acabam levando ao medo. As prioridades das pessoas começaram a ficar deturpadas: as riquezas materiais e o prestígio passaram a ser mais importantes que a saúde e o bem-estar. A cooperação foi substituída pela competição. Os poderosos começaram a manipular o povo, de modo a poder controlá-lo. Guerras irromperam. O medo assumiu o seu domínio. A paranóia seguiu-se ao medo. Todo mundo tinha um inimigo em potencial em vez de um amigo. A vida tornou-se tão confusa na Idade Média que as pessoas realmente se voltaram contra aquelas que conservavam a sanidade e a conexão com a realidade. Elas se voltaram contra as mulheres que as trouxeram ao mundo, cuidaram delas e lhes deram a vida. Diziam que essas mulheres deveriam ser demoníacas e precisavam ser exterminadas. Chamavam-nas de bruxas e diziam que elas praticavam as "artes das trevas". Como a noite era negra e todos temiam pela própria vida ao cair da noite, qualquer coisa que fosse negro era visto como demoníaco.

Mas para nós, gatos, a noite era uma amiga, pois era a ocasião ideal para caçar. Temos olhos que nos permitem ver muito bem no escuro. Éramos taxados de "criaturas negras da noite", seres malignos em todos os sentidos. Milhares de nós, que viviam no que hoje vocês chamam de Europa, foram capturados, queimados ou enforcados junto com seus amigos e parceiros, mulheres sábias e bruxas.

 # *Por que* se diz que os gatos têm sete vidas?

Damos a vocês um vislumbre de outras dimensões.

R: Somos criaturas versáteis, que não se deixam abater. Quando absolutamente necessário, podemos mudar de dimensão para evitar perigos. A morte não nos assusta e por isso não temos enfrentá-la a qualquer momento e negociar com ela. Não desistimos nem nos entregamos facilmente.

O sete é um número mágico. A crença de que temos sete vidas remonta à época em que mulheres e homens sábios compreendiam os nossos poderes mágicos de cura e a nossa capacidade de evitar a morte.

Vocês têm uma alma individual assim como os seres humanos?

Claro!

R: De uma coisa vocês podem ter certeza: os gatos têm uma alma individual assim como os seres humanos. Não dá para imaginar por que vocês acham que não temos! Cada um de nós está evoluindo ao longo de muitas vidas, assim como vocês. Nós passamos por experiências de vida, aprendemos, crescemos. E temos consciência disso. Lembramo-nos das nossas vidas passadas e sabemos que nasceremos, viveremos e morreremos sucessivas vezes.

Para nós é interessante que alguns de vocês questionem esse fato. Olhem à sua volta. Todas as coisas vivas do planeta Terra nascem, vivem e morrem e depois voltam a renascer. Como vocês humanos podem pensar que não passamos por esse mesmo ciclo? Talvez vocês só o considerem em termos físicos. Bem, assim como o DNA de um carvalho é transmitido às suas bolotas, o mesmo acontece com a consciência da árvore e com um fragmento da sua alma. Quando o DNA de vocês, seres humanos, é transmitido para os seus filhos, o mesmo acontece com uma parcela da sua alma. Quando o DNA de um gato é transmitido para os filhotes, uma parte da alma dele também passa para esses filhotes. A alma é capaz de se lembrar de todas as experiências pelas quais já passou. A alma se lembra de que ela tem individualidade e ao mesmo tempo unidade com todas as formas de vida. É desse modo que todos nós nos ligamos.

Os gatos sempre reencarnam como gatos?

Normalmente, sim.

R: Como temos livre-arbítrio, temos a chance de voltar e experimentar outra forma de vida. No entanto, por causa da nossa interação com a energia e com a cura, costumamos voltar para dar continuidade ao nosso trabalho como gatos.

Os gatos meditam?

Claro que sim! Vocês não deveriam fazer o mesmo?

R: Para nós, é importante nos aquietarmos às vezes para ouvirmos as batidas do nosso coração e nos conectarmos com Tudo O Que É. Várias vezes por dia nós nos acomodamos sobre as nossas patas ou na posição de esfinge e nos voltamos para a energia divina em nós e em torno de nós. Quando meditamos, escaneamos o nosso corpo para perceber desequilíbrios. Observamos todos os nossos processos corporais e campo energético. Praticamos a atenção total. Poderíamos aprender isso com vocês se já não soubéssemos. Da próxima vez que o gato de vocês se acomodar para meditar, juntem-se a ele. Vocês descobrirão que são muito mais do que vocês ou a maioria dos seres humanos imaginam.

Por que às vezes é mais doloroso perder um gato de estimação do que um amigo ou parente?

É uma questão de paixão e comprometimento.

R: O amor que nutrimos por vocês é diferente do amor que recebem da maioria dos seres humanos. Nós vemos o melhor que vocês têm dentro de si. Assumimos o compromisso de ajudá-los a serem saudáveis e íntegros. Em algum nível vocês sentem isso e reconhecem o valor dessa dádiva. Ao contrário do que acontece na maioria dos relacionamentos humanos, o nosso amor é puro e descomplicado. Por isso, quando deixamos vocês, geralmente sentem uma dor profunda, pois o nosso amor toca fundo o coração de vocês. Nós também guardamos em nosso ser a lembrança do ser livre e cristalino que vocês na realidade são. Sabemos quem vocês são – seres cheios de luz e amor, que transcendem os medos e os padrões destrutivos. Quando deixamos vocês fisicamente, vocês ficam sem o nosso apoio amoroso.

Vocês já viveram conosco em outras vidas? E um dia voltarão a viver?

Muitos de nós vivem vida após vida com o mesmo ser humano.

R: Muitos de vocês sabem que viveram muitas vidas na companhia dos gatos. Vocês sentem uma ligação profunda conosco e com os nossos costumes felinos. Vocês têm a memória celular de que trabalhamos em parceria com vocês. Nós guiamos e amparamos vocês ao longo do seu caminho de cura e serviço. Se for pelo bem maior e mais elevado de ambos, um gato pode encarnar várias e várias vezes ao lado de um ser humano.

Por que muitos de vocês preferem se isolar quando estão à beira da morte?

A morte é uma dança e Deus é o nosso parceiro.

R: Morrer é um processo de libertação do corpo físico e de religação da nossa essência com Deus. Quando enfrentamos esse processo sozinhos, conseguimos viver esse momento de intimidade com Deus. Dançamos com Ele à medida que o nosso espírito deixa o corpo e é reabsorvido pela Luz. Trata-se de um momento muito particular para a maioria de nós.

Faz parte da nossa natureza realizar a maioria das coisas sozinhos. Gostamos da nossa própria companhia! Para nós, é mais natural isolarmo-nos no momento da morte do que buscar a companhia de seres humanos. Quando buscamos a companhia humana nas horas finais é muitas vezes porque os nossos amigos humanos precisam estar conosco nesse momento para aceitar a nossa passagem, reconhecê-la e começar o seu próprio processo de desapego.

O que acontece com a alma de um gato quando ele morre?

Voltamos para o Lugar da Reunificação.

R: Vamos para o céu, assim como vocês. Quando a nossa alma deixa o corpo, somos imediatamente atraídos para a Luz. Como o ferro é atraído por uma ímã, a alma é atraída para a Luz e se reconecta com Tudo O Que É, com Deus. A nossa essência volta a imergir no amor. Sentimos a nossa individualidade ao mesmo tempo que não sentimos nenhuma separação, apenas unidade. Segundo a nossa experiência, existe um único lugar de reunificação para todos os seres. Não existe um céu para as pessoas, outro para os gatos, outro para os cães, outro para os animais selvagens, e assim por diante. Quando deixamos o mundo da forma, todos nós somos reconectados ao Amor Divino, cercados e envolvidos por ele.

Vocês podem sentir quando estamos próximos da morte?

Podemos.

R: Quando um corpo está morrendo, as suas vibrações ou assinatura energética se alteram. Em muitos casos, a energia pulsa e oscila. O espírito fica mais pleno e brilhante. A energia do corpo se aquieta e o espírito fica mais ativo. Quando chega a hora, o espírito se liberta do corpo e passa para a Luz.

Os gatos têm a capacidade de servir como uma parteira da pessoa (ou do animal) que está à beira da morte. Se optamos por ficar com ela, nós nos sentaremos a uma distância apropriada – às vezes bem próximos ou até tocando-a, outras vezes mais afastados. Então começamos a meditar e aos poucos nos aproximamos do campo energético dela. Passamos a irradiar amor e conforto, na forma de ondas que acompanham as flutuações em seu campo energético. Quando o espírito está prestes a se libertar do corpo, preparamo-nos para acompanhá-lo até a Luz. Se ele precisa ou quer a nossa ajuda, uma parcela do nosso espírito acompanha o espírito humano até um determinado ponto em sua jornada para a Luz. Quando vemos que o espírito libertou-se completamente do corpo físico, o nosso espírito volta para o corpo e nós continuamos como antes.

Vocês podem apontar algumas das suposições equivocadas que temos com respeito aos gatos e ao seu comportamento?

Vocês estão redondamente enganados se acham que pensamos como os seres humanos!

R: Somos muito diferentes dos seres humanos. Quando interagirem conosco, é importante que olhem as situações do nosso ponto de vista, sempre que possível:

1. Lembrem-se do nosso tamanho. Estamos sempre conscientes de que somos presas de predadores maiores. Esse fato comanda os nossos instintos e as nossas reações.

2. Gostamos de escalar e de ter acesso a lugares altos ou esconderijos. Isso é fundamental para nos sentirmos seguros e confortáveis. Precisamos escalar para exercitar as nossas garras e o nosso corpo inteiro.

3. Somos seres solitários. Temos de fazer um grande esforço para viver em grupo, seja ele do tipo que for (gatos, seres humanos e gatos, seres humanos, gatos e cachorros, etc).

4. Somos carnívoros inveterados. Temos de comer carne crua para ficarmos fortes.
5. Somos seres energéticos, ou seja, estamos sempre atentos a energias invisíveis aos olhos humanos e trabalhamos com elas.
6. Amamos com desprendimento, o que é muitas vezes descrito pelos seres humanos como independência. O amor desapegado é a base da nossa capacidade de oferecer cura equilibrada.
7. Temos livre-arbítrio – temos uma alma individual, assim como os seres humanos.
8. Sabemos que vivemos, morremos e renascemos.

Se vocês levarem em conta esses fatos básicos, cometerão menos erros, compreenderão melhor os gatos e progredirão muito no nosso trabalho conjunto.

Qual é a origem da família dos gatos?

A nossa família anímica originou-se de Deus, assim como a de vocês.

Qual é a maior lição que podemos aprender com os gatos?

O amor sem apego.

R: A nossa maior dádiva à humanidade é o amor desapegado que todos os dias lhes serve de exemplo. O amor desapegado é um amor sem expectativas ou obrigações e que nada pede em troca. Esse amor é equilibrado e pleno. Os gatos são grandes agentes de cura graças à sua capacidade de amar sem apego. Isso lhes dá autonomia e inteireza. Quando a humanidade desenvolver essa capacidade, o mundo será um lugar pleno e completo. Essa é a finalidade da sua evolução.

Nós sabemos amar sem apego porque lidamos constantemente com a energia divina, captando-a do alto e armazenando-a no nosso corpo. Somos especialistas em amar com desapego não só em benefício do nosso próprio equilíbrio e inteireza. Fazemos isso por vocês. Grande parte da humanidade está desligada da Fonte, de Deus. O seu sistema de crenças é o que os separa dos outros seres humanos, dos animais, das plantas, dos minerais e da nossa Mãe Terra. Isso está errado. Esse sistema de crenças só lhes causou dor e solidão. Durante séculos vocês tentaram abafar esses sentimentos acumulando poder sobre os outros. Tentaram preencher esse vazio com bens materiais. Muitos de vocês estão agora constatando que adoraram um falso deus. Nós, gatos, temos pacientemente armazenado energia divina para vocês, de modo que, quando estiverem preparados para ir para casa e para Deus, possamos escoltá-los ao longo de todo o trajeto.

A alma dos gatos já habitou outros planetas e sistemas solares?

Claro!

R: Se gostamos de estar aqui, no planeta Terra? Gostamos muito!

Por que amamos mais vocês do que alguns seres humanos com quem convivemos?

Porque nos amar é mais fácil.

R: Amamos com transparência e aceitamos vocês como são. O nosso amor é menos complicado que o amor entre os seres humanos. Não amamos porque precisamos receber amor em troca. Sabemos que somos amados. Estamos com vocês para ajudá-los a se conectar com o amor divino, que é o amor mais puro que existe. E, neste momento do tempo, estamos mais próximos desse entendimento que a maioria dos seres humanos. No entanto, aqueles de vocês que abriram o coração para nós sentirão a nossa ligação com o amor divino, a mesma que vocês tanto anseiam sentir. Podemos servir como uma ponte.

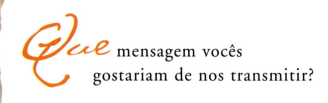

Que mensagem vocês gostariam de nos transmitir?

Aceitem o amor. Vivam plenamente. Sejam felizes.

Como vocês vêem o futuro das interações entre os gatos e os seres humanos?

Com muito otimismo!

R: Para todos nós, esta é uma época estimulante para se viver. A própria Terra está passando por uma grande mudança – uma espécie de graduação. A consciência no planeta está acelerando. Um número cada vez maior de seres humanos está despertando de um sono profundo. A comunicação está aproximando as pessoas. Questões importantes estão vindo à baila. Vocês estão começando a perceber que não estão sozinhos, mas são amados e amparados por seus companheiros da raça animal.

Sabemos que muito em breve grandes massas romperão a casca da separação e aceitarão a sua ligação com todos os seres vivos. Vocês estão começando a ver que tudo, todos os sistemas, todas as comunidades, todas as criaturas estão ligadas. Estão criando vínculos entre vocês com a finalidade de compartilhar, aprender e crescer.

Estão sentindo como é estimulante trabalhar em conjunto pelo bem de todos. Um a um, vocês estão aprendendo que podem fazer algo de bom unindo-se e arregaçando as mangas para criar uma comunidade.

Vocês estão sendo, mais do que nunca, amparados pelo Alto para atingir o seu verdadeiro eu. À medida que esse processo ganhar impulso, vocês aprenderão cada vez mais sobre quem são os animais. Quando chegarem a esse entendimento, vocês nos respeitarão, reverenciarão as nossas dádivas e cuidarão de nós da maneira que precisamos ser cuidados. Nós todos viveremos numa grande harmonia, saudáveis e equilibrados. O mundo está literalmente se transformando diante dos nossos olhos. É bom. É hora, é perfeito.

na companhia dos gatos

Este livro foi uma obra de amor – por todos os gatos que conheci e por todas as pessoas que já amaram um gato ou são amadas por um deles. O misterioso felino nos proporcionou um vislumbre desses seres e explicou algumas das grandiosas dádivas que eles nos oferecem em todos os momentos do nosso dia-a-dia. O mais interessante é que, a cada releitura, as suas respostas e explicações me revelaram algo novo.

O Conselho dos Gatos tem o seguinte a dizer aos nossos leitores neste momento:

"Amados, somos muito gratos por compartilhar a sua vida conosco, por nos amarmos e nos devotar tantos cuidados. É uma grande honra para nós acompanhá-los ao longo da vida, ajudá-los, orientá-los e ampará-los com as nossas energias e talentos para a cura. Que possamos continuar a caminhar lado a lado pelo bem maior de todas as espécies. Que sempre encontremos tempo para dividir com vocês uma poltrona e ronronar de prazer."

Que vocês possam consultar este livro várias e várias vezes ao longo da sua jornada pela vida, na companhia dos gatos.

sobre a *autora*

KATE SOLISTI-MATTELON, autora, professora e palestrante conhecida internacionalmente, dedica a sua vida à comunicação com animais desde 1992, e já ganhou o respeito de veterinários, cientistas e protetores de animais do mundo todo. Por meio de cursos, seminários e consultas particulares, Kate ajuda na solução de desvios de comportamento, diagnosticando problemas de saúde, curando traumas do passado e facilitando o entendimento entre seres humanos e animais. Kate mora com o marido e a família em Boulder, no Colorado (EUA).

amor sem apego

sensibilidade

equilíbrio

graça

Ronronar reconfortante

O mágico e misterioso gato se liga ao céu e à terra, ao mundo selvagem e ao ambiente doméstico.